ANALYSEN
ZUR DEUTSCHEN SPRACHE
UND LITERATUR

Begründet von
Rupert Hirschenauer und Albrecht Weber,
fortgeführt von
Bernhard Sowinski und Helmut Schwimmer

FILMANALYSE

Grundlagen – Methoden – Didaktik

von
Alphons Silbermann
Michael Schaaf
Gerhard Adam

R. OLDENBOURG VERLAG MÜNCHEN

CIP-Kurztitelaufnahme der Deutschen Bibliothek

Filmanalyse : Grundlagen, Methoden, Didaktik / von Alphons Silbermann ; Michael Schaaf ; Gerhard Adam. – 1. Aufl. – München : Oldenbourg, 1980.
(Analysen zur deutschen Sprache und Literatur)
ISBN 3-486-17291-3

NE: Silbermann, Alphons [Mitarb.], Schaaf, Michael [Mitarb.]; Adam, Gerhard [Mitarb.]

1. Auflage 1980
Unveränderter Nachdruck 90 89 88 87 86 85
Die letzte Ziffer bezeichnet
lediglich das Jahr des Drucks.
Umschlaggestaltung: Norbert Höchtlen, München
Satz und Druck: E. Rieder, Schrobenhausen

ISBN: **3-486-17291-3**

Inhalt

Gerhard Adam:

Kurze Filmanalyse von Alfred Hitchcocks „39 Stufen" (‚The Thirty-Nine Steps')

Vorwort der Herausgeber

Das vorliegende Buch enthält drei Beiträge zur Filmanalyse: der erste, der Beitrag eines bekannten Mediensoziologen und Kommunikationswissenschaftlers, bietet eine kurze Einführung in wichtige Probleme der soziologischen und sozialpsychologischen Analyse des Films anhand zahlreicher Beispiele, wobei die verschiedenen Formen der Inhaltsanalyse im Mittelpunkt stehen;

der zweite Beitrag eines Filmkritikers und Medienpädagogen bietet eine systematisierende Übersicht über die theoretischen Grundlagen einer praktischen Filmanalyse, über wichtige Begriffe, Bereiche und Methoden der Filmanalyse und über medienpädagogische Zusammenhänge und Möglichkeiten. Dieser mittlere Teil wird mit der Erläuterung der Theoreme und Typen der Filmanalyse eingeleitet, wobei zugleich auf die Einordnung der Filmanalyse in eine umfassende medienpädagogische Arbeit sowie in curricular geordnete Vermittlungsprozesse hingewiesen und die Herkunft der Analysebegriffe und die Bereichszuordnung möglicher Analysemethoden erörtert wird. In vier weiteren Teilen werden dann die einzelnen Methoden ausführlicher erläutert. Um den mit der Filmanalyse weniger Vertrauten einen schnellen Überblick und eine ständige Rückgriffsmöglichkeit zu bieten, werden anschließend die Theoreme und Typen der Filmanalyse in Stichworten und Beispielen vorgestellt;

der dritte Beitrag, der von einem am Gymnasium tätigen Germanisten stammt, sucht am Beispiel von Alfred Hitchcocks ‚39 Stufen' eine Filmanalyse zu bieten, die sich stärker an die interpretierende Arbeitsweise des Deutschunterrichts anlehnt. Das beigefügte Protokoll einer wichtigen Teilsequenz, das Einsicht in Regiearbeit, Kameraführung, Milieureproduktion und Bildsprache vermittelt, vermag die vorhergehenden Interpretationen exemplarisch zu verdeutlichen.

Mit der Veröffentlichung dieser drei unterschiedlich konzipierten Beiträge zur Filmanalyse sei zugleich auf den Aspektreichtum und die Methodenvielfalt in diesem Bereich verwiesen, die von selbst einen Pluralismus bei der Methodenwahl nahelegen, so aber auch den Lehrer zum Umgang mit Filmen im Unterricht anregen können, der sich bisher noch nicht an diesen interessanten Bereich herangewagt hat.

Alphons Silbermann:

Zur soziologischen und sozialpsychologischen Analyse des Films

1. Einleitung: Film als Geschäft und soziales Phänomen

Zu einer Zeit, als aus dem Kinematograph, dem Groschenkino und dem Nickel-Odeon luxuriös ausgestattete Filmpaläste wurden, begannen Wissenschaftler aller Couleur, dem Film ihre Aufmerksamkeit zu schenken. Als erste traten die *Filmtheoretiker* nach vorne, die wie Rudolf Arnheim[1], Béla Balázs[2] oder Jean Epstein[3] dem *Wesen* des Films nachgingen. Als dann während dieser Zeit die wöchentlichen Filmbesucherzahlen mehr und mehr anstiegen[4], Film und Kino zu einem großen Geschäft, d. h. zu einer Industrie geworden waren, begann man sich die Frage zu stellen, ob der Film als eine Ware oder als ein Kunstwerk anzusehen sei. Hier stützten sich die Überlegungen zum einen auf Kostenrechnungen; denn während die Herstellung eines amerikanischen Films 1908 noch 200 Dollar, 1917 noch 1000 Dollar kostete, stiegen die Herstellungskosten von 40–80000 Dollar im Jahre 1920 – dem Jahr, als neue Techniken (Sprechen, Farbe, Breitwand, Stereophonie) ihren Weg zu machen begannen – bis zu 1500000 Dollar im Jahre 1959. Sie verdoppelten sich ungefähr alle zehn Jahre. Zum anderen sah man, wie z. B. Peter Bächlin[5], dieser Problematik mit ideologisch verbrämten Augen ins Antlitz, bis sich eine wahre *filmwirtschaftliche Disziplin* entwickelte[6]. Angeregt durch die Diskussionen über das Wesen des Films sowie über Film als Kunst, als Technik oder als Ware bzw. Industrie, aber auch den dauernden Anstieg der Filmbesucherzahlen und damit verbunden die zunehmende Verbreitung des Films beobachtend, begannen die Sozialwissenschaften den Film als ein *soziales Phänomen,* später gar als sozio-kulturelle Institution zu erkennen. Mehr noch: von den unterschiedlichsten Seiten ansetzend, kamen sie zu dem Ergebnis, daß es sich beim Film als sozialem Phänomen um eine Art von Mikrokosmos handelt, durch das hindurch sich – wenn auch stilisiert, entstellt und angeordnet – das Bild einer Kultur wiederfinden läßt, und zwar derjenigen selbst, deren Produkt er ist. Diesem hier nur kurz skizzierten Gedankengang sind alle jene Varianten von Filmanalysen entsprungen, die wir im folgenden systematisiert voneinander getrennt und ohne gewichtende Rangfolge abhandeln werden.

2. Analyse des Filminhalts

2.1 Vorbemerkungen

Hier sind zwei Vorbemerkungen angebracht. Erstens: Da wir uns ausschließlich soziologischen und sozialpsychologischen Analysen zuwenden, bleiben für uns ästhetische, geistes- und literaturwissenschaftliche Fragen mit Bezug auf den Film ebenso außer Betracht wie die oben angedeutete endlos diskutierte Streitfrage, ob der Film nun eine Kunst oder eine Industrie sei; zumal wir der Ansicht sind, daß Film und Kino sowohl als eine Technik als auch als eine Institution, sowohl als eine Industrie als auch als eine Kunst anzusehen sind, um von hier aus beispielsweise die beim Film bestehende Dialektik zwischen Individualisierung und Standardisierung in ihrer Existenz und ihren Auswirkungen zu erfassen. Zweitens: Da bei empirisch ausgerichteten soziologischen Analysen oder Untersuchungen im Mittelpunkt eine *soziale Tatsache* (das „fait social" von EMILE DURKHEIM[7]) zu stehen hat, geht jede empirisch valuable Untersuchung des Films ausdrücklich oder mit Selbstverständlichkeit von der grundlegenden Trennung zwischen dem *filmischen* Tatbestand und dem *kinomatographischen* Tatbestand aus: „In formaler Hinsicht besteht der *filmische Tatbestand* darin, das Leben mittels eines determinierten Systems von Bildkombinationen darzustellen; äußeres und inneres Leben, Imagination oder lebende Dinge und Wesen (natürliche oder konventionelle, sichtbare Bilder und akustische Konfigurationen: Ton und Sprache). Das Wesen des *kinematographischen Tatbestands* bestünde demgegenüber darin, innerhalb menschlicher Gruppen eine Reihe von Dokumenten, Empfindungen, Ideen und Gefühlen in Umlauf zu bringen, das heißt: Materialien, die dem Leben entnommen sind, werden mit filmischen Mitteln gestaltet"[8].

Die Analyse auf den *Inhalt* eines Films bezogen und diesen auf die Rolle, die er im Leben der Menschen spielt, läßt sich ein Analysenvorgang von der Prämisse her aufrollen, daß sich noch nie in der Geschichte eine so große Industrie wie die des Films so direkt und unverhüllt auf den Träumen der Gesellschaft errichtet hat. Denn, so lautet das Argument, die Menschen gehen nicht so sehr ins Kino, um eine Kompensation für das zu finden, was sie emotional verloren haben, sondern eher, um ein Surrogat zu suchen für das, was sie noch nicht erreicht haben, obwohl auf dieser Erde (also nicht in der

Science fiction à la „Krieg der Sterne" oder „Odyssee 2001") die Möglichkeit besteht, es zu erreichen. Eben weil Träume, ob in Richtung des Ehrgeizes oder in der von Errungenschaften notwendige Bestandteile einer *lebendig-aktiven* Gesellschaft sind, zumal sich neue und bessere Lebensstandards nicht erreichen lassen, ohne daß die Mitglieder einer Gesellschaft zur gleichen Zeit auch nach neuen emotionalen Erfahrungen und Erwartungen die Hand ausstrecken, ist es wirklichkeitsfremd und geht es nicht an, die Analyse vom „Film als einer eskapistischen Illusionsfabrik" her aufzurollen. Eher gilt es, die Analyse so anzulegen, daß sie aufzeigt, mit welchen Mitteln die Filmtechnik vorgeht, um der Handreichung von Emotionen gerecht zu werden. Und zwar unter anderem, indem die Kamera für den Zuschauer die Elemente einer Szene heraushebt und den emotionalen Effekt durch Auswahl und Aufeinanderfolge von Aufnahmen sowie durch deren Tempo und Rhythmus erreicht; ferner dadurch, daß der Film Vergangenheit und Gegenwart zusammenfügt, Zeit aufhebt und Raum überbrückt; sowie dadurch, daß die Kamera mittels Abwechslung zwischen Nah- und Weitaufnahmen, zwischen einem individuellen Gesicht und einem Gesamtbild Spannungen aufbauen kann, zusammengefaßt gesagt: das Instinktmäßige im Menschen zu berühren in der Lage ist.

Derartig konzipierte, auf emotionale Erfahrungen ausgerichtete Analysen erlauben es, die Elemente der sogenannten „Träume" herauszuarbeiten, unter denen gemäß einer Untersuchung von Max Lerner[9] im amerikanischen Spielfilm in erster Linie die folgenden hervortreten. Erstens das Element *Geld.* Denn der Film zeigt den Wert und die Macht desselben auf, gleich, ob die Kamera durch luxuriöse Wohnungs- oder Hoteleinrichtungen oder armselige Hinterhofswohnungen schreitet. Zwar betont die Mehrzahl der Filme mit moralisierendem Unterton immer wieder, daß in dieser Welt Geld nicht alles ist, daß Liebe, Hingabe, Selbstrespekt und Glück mehr wert sind als alles Gold auf Erden, stets aber wird offen oder unterschwellig als selbstverständlich unterstellt, daß es sich letzten Endes doch besser mit als ohne Geld leben läßt. Als zweites zentrales Element treten *Liebe, Sex, Sexiness* und *Sensualität* einzeln oder kombiniert nach vorne, wobei allerdings der Film nur in seltenen Fällen zum Beispiel eheliche oder außereheliche Schwierigkeiten in jenen grimmen Aspekten vorführt, wie sie das tägliche Leben vorzuweisen hat. Allemal, selbst im Krimi, weiß er die tiefliegenden

Probleme, die das Zusammenleben zweier Menschen bestimmen, ruinieren oder gar zur Hölle machen können, zu umgehen, indem er das Leben als eine *Serie vorgegebener Verwicklungen* darstellt, die sich durch ebenso vorgegebene Lösungen beheben lassen. *Aktion* (mehr oder weniger als Ersatz für die dem Film mangelnde Tiefendimension menschlicher Emotionen) ist das dritte hier zu erwähnende zentrale Element. Es ist an der Kunst des „Schnitts", darauf zu sehen, jede Szene so schnell in die nächste übergehen zu lassen, daß keine Zeit zum Nachdenken verbleibt; dauernd muß etwas geschehen: Verlieben, Mißverständnis, Verschwörung, Schießerei, Schiffbruch, Autojagd, Geständnis, Flugzeugunglück, Personenverwechslung, Leichenentdeckung, Sieg der Tugend, der Unbescholtenheit, der Sittsamkeit, der Unschuld usw., wobei dann für eine innere, tiefschürfende Ergründung der agierenden Personen keine Zeit bleibt. Nur noch ein weiteres Beispiel soll in diesem Zusammenhang angeführt werden, und zwar das der *Gewalttätigkeit,* zumal darüber in letzter Zeit so endlos viel von berufener und unberufener Seite diskutiert worden ist. Dabei sprechen wir an dieser Stelle nicht von *Wirkungen* der Darstellung von Gewalt im Film, sondern von Gewalt bzw. Gewalttätigkeit als einem der zentralen Elemente beim Film, sei diese dargetan durch die Darstellung robuster Detektive, die, wenn auch zehnmal auf den Kopf geschlagen, sofort wieder frisch auf den Beinen stehen, oder in der Darstellung hart zupackender, schnell schießender, stets unverletzt bleibender Cowboys oder in der Aufzeichnung des Kampfes der Geschlechter. Und was den Tod betrifft, so ist dieser einfach ein unwiderrufliches Ereignis – eher eine Einzelheit als eine Tragödie; denn dort, wo Gewalttätigkeit als zentrales Element hervortritt, entbehrt der Tod psychischer Grundlagen und Folgen. Noch manche andere *zentrale Elemente* bieten sich der auf den Inhalt ausgerichteten Filmanalyse zur Bearbeitung an. So vor allem die Entdeckung von nicht-manifesten, also *latenten* zentralen Elementen im Film. Vorbildlich hierfür ist die von Martha Wolfenstein und Nathan Leites durchgeführte psychologische Studie[10], in der einzelne Elemente des Films aus den Grundrelationen von „Lovers and Loved Ones", „Parents and Children", „Killers and Victims", „Performers and Onlookers" herausgearbeitet worden[11].

Werden Analysen dieser hier beschriebenen Art für und von Jugendlichen vorgenommen, dann können sie über den Zweck der

Aufklärung hinaus leicht dazu verführen, kein gutes Haar am Film zu lassen. Davor muß aus mehreren Gründen gewarnt werden. Erstens besteht die Gefahr zu verallgemeinern, wodurch leicht die Tatsache übergangen wird, daß die Filmindustrie der Gesellschaft ein aus großen Werken bestehendes, aus den unterschiedlichsten Sparten herrührendes kulturelles Erbe hinterlassen hat. Als Beispiele seien nur angeführt Klassiker wie GRIFFITHS „Geburt einer Nation", CHAPLINS „Lichter der Großstadt" und „Goldrausch"; Western wie „Zwölf Uhr mittags"; Komödien wie „Es geschah eines Nachts"; Detektiv- und Mordgeschichten wie „Im Zeichen des Falken" und „Frau ohne Gewissen"; Gangsterfilme wie „Öffentlicher Feind"; Dokumentare aus dem Großstadtleben wie „Asphaltdschungel"; Kriegsfilme wie „Die rote Tapferkeitsmedaille"; Sozialfilme wie „Die Heimat der Tapferen" und „Der Wilde"; Abenteuerfilme wie „Der Schatz der Sierra Madre" und „The African Queen"; Charakterstudien wie „Der Verräter" und „Citizen Kane" usw.; nicht zu vergessen die erfindungsreichen Zeichenfilme des WALT DISNEY.

Eine andere Gefahr eröffnet sich dem Analytiker, wenn er seine Analyse auf dem Hintergrund aprioristischer, kulturkritischer Gedankengänge entwickelt, um somit zu jenen aus der Analyse allein nicht zu entnehmenden (berechtigten oder unberechtigten) Anklagen vordringen zu können, die die Filmproduzenten als Ausbeuter des absolut niedrigsten gemeinsamen Intelligenznenners der Menschen hinstellen. Er verschließt sich damit der Erkenntnis der Wirklichkeit und bedenkt nicht, daß sich – wie die Statistiken zeigen – die Kinobesucher heute zum Großteil aus Jugendlichen zusammensetzen. Damit übersieht er zusätzlich eine Entwicklung, einen soziokulturellen Wandel, der sich bei der Jugend von heute dort manifestiert, wo sie, die sie in einer Welt lebt, in der das Audio-Visuelle geläufig, um nicht zu sagen vorherrschend geworden ist, im Film *ein privilegiertes Ausdrucksmittel* sieht, das ihr vielleicht näher liegt als das Buch. Eine Analyse der Filme der sog. „Nouvelle vague" beispielsweise würde den Analytiker sehr bald erkennen lassen, daß es ihren Herstellern um mehr ging als nur um die Invention origineller Formen: sie und ihre Nachfolger wollen aus dem Film etwas der Literatur und der Malerei Gleichwertiges machen.

Ein weiteres auf den *Inhalt* von Filmen ausgerichtetes Analysekonzept geht von bestimmten Rahmenkategorien der gesellschaftlichen Wirklichkeit aus, von denen wir zur Exemplifizierung drei aufzeigen wollen: die soziale, die historische und die anthropologische Inhaltsgruppe. Selbstverständlich vermengen, überschneiden und widersprechen sich gar diese Gruppen vielfach in einem und demselben Film, und gerade darum ist es für die Analyse um so bedeutsamer, sie auseinanderzuhalten und als Einzelfaktoren sozusagen herauszuschälen.

2.2 Soziale Inhalte

Beginnen wir mit den *sozialen Inhalten*, nicht ohne zu betonen, daß die Tatsache, daß es dem Film auf seine Weise gegeben ist, das Gesamt der Realitäten einer Gesellschaft zum Ausdruck zu bringen, von seiten des Analytikers nicht dazu führen darf, die Gesellschaft als eine abstrakte Gegebenheit anzusehen, sondern als eine Verflechtung von menschlichen Beziehungen und sozialen Faktoren. Dies zeigt sich eindeutig, wenn eine Analyse Inhalten nachgeht, die sich auf die von der Gesellschaft etablierten Institutionen (Kirche, Staat, Schule, Familie, Recht usw.) beziehen. Kann doch der Filminhalt die *Werte* der verschiedenen Institutionen betonen, unterstützen, angreifen, untergraben oder sich ihnen gegenüber indifferent verhalten, kurz gesagt, sich politisch oder apolitisch geben. Indem diese Haltungen herausgearbeitet werden, wird der Analytiker in die Lage versetzt, den Druck und die Kraft der durch einen Gesellschaftstyp etablierten Wertordnung aufzuzeigen. Zu diesen gehören neben Legalität, Autorität, Staatsräson, sozialen Tabus vor allem die im Innern einer Gesellschaft vorherrschenden mentalen oder ideologischen *Kollektivvorstellungen.* Denn diese entsprechen dem Gesamt der Werte, Attitüden, Vorurteile und Wissensmenge, wie sie sich in der Alltagspraxis des Kollektivs manifestieren.

Unter dieser soziologischen Erkenntnis ist es dem Analytiker gegeben, zum einen dem Streben des Films nachzugehen, diesen Kollektivvorstellungen nicht nur nicht zuwider zu sein, sondern sich ihnen auch anzupassen. Zum anderen lassen sich durch das Erkennen einer Integration der der Gesellschaft eigenen Werte, Attitüden, Vorurteile und Wissensmenge in das Medium alle jene Symbolschlüssel herausarbeiten, die, als *Stereotypen* bezeichnet, das Gerüst der Ausdrucksweise des Films ausmachen. Sie betreffen ebensosehr Personendarstellung wie Verhaltensweisen, soziale Rollen, Dekoration, Situation oder Bekleidung. Gerade dieser Stereotypen-Analyse, diesen Symbolen, über die hin der Zuschauer Aktion und Bedeutung eines Films wahrnimmt, haben sich zahlreiche Analysen zugewandt. Ob es sich da handelt um die verführerische Lebedame, den zynischen Industriekapitän, den vergeßlichen Professor, den träumenden Dichter, den windigen Italiener, den durch Gesichtszug, Kleidung und Geste charakterisierten sympathischen oder unsympathischen, guten oder bösen Typ, um romantische Gärten, Mondnacht, dunkle Gassen, das Wien der Walzer oder das Paris der Verlustierungen – hier ist es dem Analytiker gegeben, die Dialektik zwischen Präsentation und Wirklichkeit sowie Werten und gesellschaftlichen Normen zu erkennen und zu demonstrieren.

Weiter in dieser Ausrichtung der Analyse erhellen sich auch die im Film gelegenen *Weltanschauungen*. Denn Stereotypen stimmen überein mit Kenntnis und Bewußtsein, d. h. sie sind es, die aufzeigen lassen, auf welchem Wissensniveau sich der Standardfilm bewegt. Um dies herauszufinden, ist Lester E. Asheim als einer der ersten der Frage nachgegangen, was geschieht, wenn eine literarische Vorlage – ein Roman wie z. B. „David Copperfield", „Les Misérables" oder „Anna Karenina" – für die Leinwand bearbeitet wird[12]. Sinn solcher vergleichenden Analysen ist nicht nur die Erfassung technischer Erfordernisse der Filmproduktion sowie der künstlerischen Überlegungen bei der Anwendung des Mediums, sondern auch zu erkennen, auf welches Wissens- und Bewußtseinsniveau sich der Film begeben hat, um sich demjenigen Niveau anzupassen, von dem man annimmt, es sei dies das des Durchschnittfilmbesuchers. Das bedeutet nicht etwa, daß damit Schlagworten wie „Vermassung", „Nivellierung", „Halbbildung" und ähnlichen kulturkritische Nahrung zugeführt werden soll, sondern bei seriösen Analysen das Freilegen von Wertkonflikten, Alltagsmoral und idealen Verhaltensweisen, wie sie den Kollektividealen entsprechen. Wenn in Filmen wie beispielsweise „Robin Hood" oder vielen Western die „guten" Gesetzlosen die Bösewichte bestrafen oder die kleinen Leute beschützen, dann werden Konflikte, Moral und Verhaltensweisen durch die Rückversetzung der Aktion in weit zurückliegende historische Zeiten nicht direkt, sondern höchstfalls indirekt berührt. Weitaus deutlicher lassen sich jedoch bei der Filmanalyse die Gegensätze zwischen Konflikt und Ideal aufzeigen, wenn es sich um Filme handelt, bei denen in der einen oder anderen Weise Konflikte sich dargestellt finden, die Individuum und Gesellschaft einander entgegenstellen.

Denn gerade dann, so wie es häufig in Spionagefilmen der Fall ist (Pflicht versus Liebe; Vaterland versus Leidenschaft), zeigt sich die Konfliktlösung im Idealverhalten.

Überhaupt verdeutlichen sich für den Analytiker soziale Inhalte besonders vordringlich an in Filmen enthaltenen Konfliktsituationen, d. h. wenn Filme auf dem unlösbaren Charakter von Konflikten aufbauen: In „Schwurgericht" muß Gerechtigkeit erst noch gefunden werden; in „Haus der Sehnsucht" erstickt Zement den Hero, und das Konfliktproblem der Freiheit bleibt ungelöst; in „Juliette oder der Schlüssel der Träume" findet die Konfliktsituation des Glücks keine Lösung oder aber es wird wie in „Fahrenheit 451" als Konfliktlösung der Tod herbeigerufen. Diese Lösung kann natürlich auch Idealwerten und -verhalten in Konfliktsituationen entsprechen, was sich am besten am Beispiel von patriotischen und Kriegsfilmen (z. B. „Morning Departure") demonstrieren läßt. Und da der Film zur gleichen Zeit, in der er in der Gesellschaft bestehende Probleme oder Konflikte sichtbar macht, Verhaltensweisen und Leitbilder des Idealtyps unterbreitet, verleiht die Analyse sozialer Inhalte dem Analytiker die Möglichkeit, die Widerspiegelung der sozialen Wirklichkeit im Film sowohl durch dasjenige, was er enthüllt, also auch durch das, was er verbirgt, darzutun.

2.3 Historische Inhalte

Historische Inhalte von Filmen – eine weitere globale Kategorie – verschmelzen vielfach dort mit den sozialen, wo diese nicht von einer sozialgeschichtlichen Entwicklungsstufe getrennt werden können und jene nicht von sozialen Problemen. Das in zahlreichen Filmen behandelte soziale Problem des Ehebruchs z. B. ist insofern auch ein historisches Problem, als es mit einem Krisenstadium in der Geschichte der modernen Familie zusammenhängt. Ungeachtet dessen weisen historische Inhalte dem Analytiker einzigartige Charakterzüge auf, da sie durch Zeitangaben und/oder Situationen verdeutlicht werden. Die Filmanalyse hat dabei allerdings darauf zu achten, daß während Kriegsfilme z. B., die im Verlaufe eines Krieges hergestellt wurden, zutreffende Produkte eines historischen Augenblicks sind, derartige Filme, wenn sie Jahre nach einem Krieg produziert wurden, den Inhalt transzendieren: sie werden zu retrospektiven Huldigungen, zu pazifistischen Anklagen, zu Revolten gegen neue

Kriege. Zusätzlich ist bei der auf historische Inhalte ausgerichteten Analyse noch auf die Möglichkeiten des Films zu achten, anscheinend die Gegenwart zu ignorieren, während er in Wirklichkeit ihre Gegebenheiten nur verwandelt, indem er latente Inhalte unter der Hülle manifester Inhalte aufdeckt. Die Analyse eines Films wie „Letztes Jahr in Marienbad" würde beispielsweise zeigen, daß ein von einer genauen geschichtlichen Bezugnahme anscheinend losgelöster Film historische, zumindest aber allegorische Inhalte aufzuweisen in der Lage ist. Dies trifft vor allem bei Filmen zu, die sich als Enthüller profunder Krisen einer Gesellschaft erweisen. Wir verweisen diesbezüglich auf SIEGFRIED KRACAUERS Analyse des Films „Das Testament des Dr. Mabuse"[13], einem anscheinend von jedem realen sozialen und historischen Kontext losgelösten Film, der jedoch historisch, angesichts des Datums seiner Realisierung mit den Monaten zusammenfällt, die der Machtübernahme durch Hitler vorausgingen. Über ökonomische, politische oder institutionelle Krisen hinausreichend, können Filme gar Zeugnis für kollektive Bewußtseinskrisen ablegen, wie solche, die sich inhaltlich der der Gesellschaft gemeinsam seienden Grundlage der Angst zuwenden (z. B. „Haus der Sehnsucht", „Psycho") und mit kollektiven Befürchtungen zu Zeiten von „Nerven"- oder „Kalten Kriegen" koinzidieren. Nicht unbeachtet sollte in diesem Zusammenhang das Phänomen bleiben, daß gesellschaftliche Krisen vielfach Filme mit entgegengesetzten Inhalten hervorbringen. Wir erinnern nur an die während der amerikanischen Wirtschaftskrise in den Jahren 1929–1935 entstandenen Superproduktionen, um aufzuzeigen, daß der von uns hier beschriebene Analysetyp *keine mechanistische* Annäherungsweise erlaubt.

Weitaus einfacher als die Analyse von Filmen aus der oben umschriebenen Gattung gestaltet sich die Analyse des historischen Inhalts bei Filmen, in denen mit eindeutigen und exakten Symbolen versehene *Situationen* dargetan werden, sagen wir wie z. B. in „Deutschland im Jahre null". Dort, wo Filme ohne Situations- und/oder Zeitangabe vor uns liegen, wo sie so „legendär" in Erscheinung treten wie die meisten Western- oder Tarzan-Gattungen, entziehen sie sich des historischen Einflusses und damit auch der historisch ausgerichteten Analyse. Durchschreiten sie doch unverändert Frieden, Krisen, Kriege und ganze Dekaden, ohne daß ihr Inhalt sich grundlegend verändert. Und wenn schon die Tarzans im

Zusammenhang mit den Mythen einer industriellen Gesellschaft über den Naturzustand und die Western im Zusammenhang mit der Sehnsucht der gleichen Gesellschaft nach einem freien Leben mit Reiterei und Abenteuer analysiert werden sollen, dann wohl eher im Rahmen der als nächstes anzuführenden psychologischen, besser und genauer gesagt anthropologischen Inhaltskategorie.

2.4 Anthropologische Inhalte

Im Anschluß an Edgar Morins anthropologische Untersuchung ,,Der Mensch und das Kino"[14] sind wir der Ansicht, daß es in erster Linie die auf die *anthropologischen Inhalte* ausgerichtete Analyse ist, die uns Aufschluß über die allgemeine Verbreitung und die bleibende Bedeutung des Films geben kann; denn diese Inhalte sind allen Menschen gemeinsam. Um bei den Tarzans und den Western zu verbleiben: sie finden ihr Publikum gleichermaßen in Europa, Japan, Afrika und dem Fernen Osten. Nicht nur die Form ist bei ihnen universell, will sagen bis zum Extrem vereinfacht, es sind vor allem die Inhalte. Sie bringen die tiefliegenden Urtriebe und Urinstinkte des Menschen gegenüber Tieren (das treue Pferd, der Hund Rintintin oder Lassie, die Affen, die Elefanten usw.) zum Ausdruck, die Beteiligung des Menschen an der Natur, die elementaren Themen von Angriff und Verteidigung, Gut und Böse u. ä. m. Was hier die Analyse auf einem ,,niederen" Niveau aufzeigen kann, läßt sich auch auf einem ,,höheren" durchführen, wenn Filme wie ,,Nanuk der Eskimo" oder ,,Die Männer von Aran" auf die darin enthaltenen menschlichen Abenteuer hin analysiert werden. Im Grunde genommen durchziehen alle die von uns angeführten Filme anthropologische Inhalte. Denn ob es um das Abenteuer über oder unter dem Meer geht, um den Kampf des Menschen gegen den Tod, um den Kampf der Geschlechter oder um den zwischen Gut und Böse – derlei Inhalte genügen aus sich selbst heraus, um den Film an den unterschiedlichsten Orten lebendig und der Analyse zugänglich zu machen.

Hinzu kommt, daß in jedem Film alle drei der von uns um der Systematisierung willen getrennt abgehandelten Inhaltsgruppen mit- und untereinander verbunden in einer Art dreifacher Dialektik in Erscheinung treten. Man analysiere nur einen Film wie beispielsweise ,,Im Westen nichts Neues" und wird bald erkennen, daß er in

Fülle zur gleichen Zeit soziale, historische und anthropologische Inhalte enthält. Jedoch, eben weil diese Art von dreifacher Dialektik existiert und sie es ist, so möchten wir meinen, die einem Film, ganz abgesehen von der thematischen Grundlage, zum Erfolg verhilft, gilt es für die Analyse zu erkennen, inwieweit dieser oder jener Film die historische, soziale oder anthropologische Polarität stärker unterstützt, kraftvoller die eine oder andere der menschlichen Bereiche berührt. Wir unterstreichen dies, weil, wie wir später sehen werden, sich auf Inhaltsanalysen gründende Wirkungsanalysen von Filmen hiermit Rechnung zu tragen haben; denn sobald ein Film sein Publikum wechselt, verändert sich auch die Bedeutung der Inhalte.

3. Systematische Inhaltsanalyse

Vielfach wird bei der Analyse der Inhalte von Filmen schlechthin von einer „Inhaltsanalyse" gesprochen, ohne zu spezifizieren, ob es sich hierbei um eine allgemein gehaltene, quasi impressionistische analytische Betrachtung von diversen Inhalten handelt oder um eine Methode, um ein sozialwissenschaftliches Instrument, mit dessen Hilfe sich Inhalte analysieren und empirisch auswerten lassen. Nur letzteres ist nämlich dasjenige, was sich uns, um derlei Verwirrungen zu vermeiden, als „*systematische Inhaltsanalyse*" präsentiert und benutzt wird: es ist eine *Vorgehensweise*, eine Arbeitsweise, die wir im folgenden in ihren Grundzügen darlegen wollen, ohne an dieser Stelle auf ihre aus dem amerikanischen Forschungsbereich kommende Entstehungs- und Entwicklungsgeschichte eingehen zu können[15].

Da die systematische Inhaltsanalyse keineswegs eine Allheilmittel-Methode ist, sondern ein Hilfsmittel des Sozialwissenschaftlers, will sagen, sie ihre Grenzen hat und nicht immer in der Lage ist, zuverlässig und gültig Hypothesen zu überprüfen (z.B. den Wahrheitsgehalt einer im Film aufgestellten Behauptung) oder Theorien zu stützen, erhebt sich als erstes die Frage: *Wann sollte die systematische Inhaltsanalyse* (mit Bezug auf Filmdialog, -bild, -musik oder das Gesamt eines Filmes) *angewendet werden?*

1. Wenn der Umfang des zu untersuchenden Filmmaterials ein solches Ausmaß annimmt, daß aus der Menge eine Stichprobe gezogen werden muß.

2. Wenn das Filmmaterial von einem Team analysiert wird, in dem jedes Mitglied eine eigene, subjektive Prädisposition besitzt.
3. Wenn zu Zwecken des Vergleichs zwischen Film und (sozialer, historischer oder anthropologischer Wirklichkeit Gegebenheiten zugezogen werden, die sich durch räumliche oder zeitliche Distanz dem direkten Zugriff des Analytikers entziehen und er somit seine Vergleichsdaten ,,aus zweiter Hand" beziehen, d. h. ,,at a distance" zu bearbeiten hat[16].

Bei der *Durchführung* einer systematischen Film-Inhaltsanalyse wird davon ausgegangen, d. h. es wird unterstellt, daß ein bestimmtes Sprach-, Bild- und/oder Tonsymbol sowohl vom Produzenten als auch vom Empfänger der filmischen Kommunikation mit dem gleichen *Bedeutungsinhalt* identifiziert wird. Hierauf ist zu achten, da vor allem das Sprachverhalten – z. B. bei der Analyse von Synchrontexten und Dialoglisten aus anderen Sprachsystemen – bestimmten Subkulturen entspringen kann. Der Inhaltsanalyse sollte dann möglichst eine empirisch-semantische Analyse vorausgehen, um die tatsächliche Bedeutung sprachlicher Einheiten im Text festzustellen. Auch wenn, wie es beim Film häufig der Fall ist, aus dem Inhalt eines (Dialog-) Textes auf nicht-sprachliche, d. h. bildliche Variablen geschlossen werden soll, also z. B. bei der Feststellung von Einstellungen im Sinne von Attitüden, ist darauf zu achten, ,,welchem Objekt eine Einstellung gilt, welche Richtung sie hat und mit welcher Intensität sie vertreten wird"[17] und wie sie sich sprachlich äußert.

3.1 Methoden der Inhaltsanalyse

Da sich im Verlaufe der Entwicklung der systematischen Inhaltsanalyse verschiedenartige Ansatzpunkte und Verfeinerungen herausgebildet haben, ist als nächstes die Frage zu beantworten: *Welche Analyseform ist anzuwenden?* Da in diesem kurzen Beitrag nicht allzuweit ausgeholt werden kann, beschränken wir uns auf eine summarische Darstellung der im allgemeinen stets noch gängigen vier traditionellen Formen der Analyse.

a) Die *einfache Häufigkeitsanalyse* bildet eine Vorstufe zur Inhaltsanalyse. Als simple Auszählmethode verbaler, bildlicher, musikalischer oder sonstiger Filmelemente (bei Amateuren und Kulturkritikern sehr beliebt) ist sie relativ problemlos zu bewerkstelligen: meist wird dabei die Besetzungshäufigkeit einzelner Kategorien (z. B. Gewalthandlungen, Beischlaf, Wortbildungen, Fanfarengeschmetter usw.) festgestellt. Ihr Aussagewert ist beschränkt und Folgerungen können nur auf der Grundlage bewährter Hypothesen über den Prozeß der Aussagenentstehung vorgenommen werden. Die mit diesem Vorgehen gewonnenen statistischen Materialien können als Grunddata zur Weiterverwendung im Rahmen anderer, von uns unter 1 und 2 dargestellten Analysen benutzt werden.

b) Die *Contingency Analysis* basiert auf der Annahme, daß durch die Feststellung des gemeinsamen Vorkommens von inhaltlichen Kategorien eine Messung der *Assoziationsstruktur* der Verfasser von Texten und/oder Bildern vorgenommen werden kann. Der Anwendung der operationalen Vorschriften der Contingency Analysis muß eine Auswahl der zu analysierenden Texte und/oder Bilder und ihre Aufgliederung in praktikable Inhaltseinheiten vorausgehen[18]. Dabei sollte eine Inhaltseinheit mindest so groß sein, daß ein mehr als zufälliges gemeinsames Auftreten von zwei oder mehreren Wörtern und/oder Imagines tatsächlich möglich ist.

c) Die *Symbol Analysis*[19] ist in erster Linie eine *semantische Analyse von Textinhalten*. Es werden mit Hilfe von Häufigkeitsanalysen zunächst die Schlüsselkategorien des zu untersuchenden Symbolträgers festgestellt. Bei jedem registrierten Auftreten einer Schlüsselkategorie, in der Annahme, daß jede häufig vorkommende Schlüsselkategorie ein Einstellungsobjekt symbolisiert, wird ermittelt, ob es sich bei den dazu abgegebenen Äußerungen um positive, negative oder neutrale Stellungnahmen handelt. Es wird somit also nur festgestellt, daß in einem Text bestimmte Einstellungsobjekte so und so häufig erwähnt werden und positive, negative oder neutrale Stellungnahmen darin mit dieser oder jener Häufigkeit zu finden sind.

d) Die *Evaluative Assertion Analysis*[20] beruht auf einer Einteilung von Texten in semantische Einheiten und einer Verschlüsselung der Bestandteile dieser Einheiten. Als semantische Einheiten werden die in einem Text enthaltenen Äußerungen zu theoretisch relevanten Einstellungsobjekten betrachtet. Wenn z. B. in einem bestimmten Zusammenhang die Einstellung eines Wirtschaftsführers festgestellt werden soll, wird er zum Einstellungsobjekt

(„attitude object"). Die semantischen Einheiten („verbal connectors"), die zwei „attitude objects" miteinander verbinden, werden ihrer Richtung und Intensität nach auf einer siebenstufigen Wertskala eingeordnet, die positive, negative oder neutrale Positionen ergibt. Das einzelne „attitude object" kann seinerseits wiederum durch einen „verbal connector" mit einem „evaluative common-meaning term" verbunden sein, d. h. mit einer bewertenden Einheit, die sich ebenfalls auf einer Wertskala einordnen läßt.

3.2 Vorgehensweisen

Wenden wir uns nun kurz skizziert der Darstellung *der einzelnen Schritte des Verfahrens* zu. Im Prinzip läuft die systematische Inhaltsanalyse wie folgt ab:

a) *Theoretische Vorbereitung.* Sie dient der Abklärung des Bezugsrahmens, in dem sich der Analytiker bewegen will, und beginnt daher als erstem Schritt mit der Formulierung der *Hypothesen.* Sie enthält das zu klärende bzw. zu untersuchende Problem und muß so beschaffen sein, daß sich einerseits aus ihr die nächsten Schritte ergeben und andererseits das Ergebnis der Analyse unmittelbar auf sie bezogen werden kann. Danach erfolgt die Bestimmung der unabhängigen und abhängigen Variablen[21], die exakt zu definieren sind.

b) *Bestimmung des relevanten Materials.* Dem Analysethema sowie der Hypothese entsprechend, wird das zu untersuchende Filmmaterial festgelegt. Ist eine medienvergleichende Analyse geplant, wird der Rahmen dementsprechend abgesteckt: sog. *Auswahlverfahren*[22]. Sollte sich das Material als für eine Vollunteruntersuchung als zu umfangreich erweisen, ist eine Stichprobe angebracht. Auch der Untersuchungszeitraum der mitunter von großem Einfluß auf das Ergebnis der Analyse ist, kann auf diese Weise festgelegt werden.

c) *Operationalisierung.* Bei diesem Schritt werden die Voraussetzungen sowie die sprachlichen, bildlichen und musikalischen Einheiten in der Weise festgelegt, daß sie tatsächlich gemessen werden können. Und zwar muß sowohl die Operationalisierung der Variablen als auch die Festlegung und Operationalisierung der Kategorien so beschaffen sein, daß einerseits verschiedene

Auswerter zu den gleichen Ergebnissen kommen, andererseits auch nur diejenigen Variablen gemessen werden, die gemessen werden sollen. Das entscheidende Moment ist hier die *Kategorienbildung*. Und zwar sind die Kategorien so festzulegen, daß sie erstens einheitlich sind, d.h. sich nur auf jeweils *eine* Bedeutungsdimension beziehen; daß sie zweitens einander ausschließen, d.h. ein Merkmal nur jeweils *einer* Kategorie zugeordnet wird; daß drittens jede festzulegende Einheit, die für die Untersuchung von Bedeutung ist, überhaupt einer Kategorie zugeordnet werden kann, und daß sie viertens tatsächlich auf die gegebene empirische Situation beziehbar sind.

d) *Vorbereitung der Datenerhebung*. Als erstes sind die inhaltsanalytischen Einheiten festzulegen, die während der Analyse untersucht und gemessen werden sollen. Dies können Wörter, Satzteile, Sätze, Großaufnahmen, Totale, Schnitte, Bildsequenzen, Geräusche, Rhythmen, Melodien, aber auch Zeitmaße oder Zeilen sein. Ihre Bestimmung ist von der Analyseform abhängig. GERNOT WERSIG[23] unterscheidet hier systematisiert: Maßeinheit – systematische Einheit – Zähleinheit – Interpretationseinheit – Kontexteinheit. Dem sollte nach Möglichkeit die Erarbeitung eines Darstellungskonzeptes folgen. Sodann sind die Anweisungen für die Verschlüssler auszuarbeiten und ist ein Auswertungsbogen anzufertigen.

e) *Pretest/Datenerhebung*. Da bei empirischen Untersuchungen gewisse Unzulänglichkeiten niemals auszuschließen sind, ist es empfehlenswert, diese durch einen Pretest zu beseitigen. Weist der Pretest auf, daß das Analyseinstrumentarium verläßliche Ergebnisse liefert, kann mit der Datenerhebung begonnen werden.

f) *Auswertung der Daten*. Vor der Auswertung sind die erhobenen Daten auf ihre Vollständigkeit und Richtigkeit zu überprüfen. Anschließend werden sie so zusammengefaßt, daß sie zur Erleichterung der statistischen Auswertung mit Hilfe von Tabellen oder Diagrammen dargestellt werden können.

g) *Kontrolle auf Zuverlässigkeit*. Die Zuverlässigkeit, die bei empirischen Untersuchungen der Forderung nach Objektivität entspricht, kann dadurch festgestellt werden, daß mehrere Auswerter zu dem gleichen Ergebnis gelangen. Voraussetzung hierfür ist allerdings, daß die Kategorien und die Auswertungsanweisungen eindeutig waren und vom Verschlüssler exakt befolgt wurden.

h) *Hypothesenprüfung bzw. Interpretation.* Nachdem die Daten ausgewertet und auf die Hypothese(n) bezogen worden sind, läßt sich feststellen, ob sie diese stützen oder nicht. Danach läßt sich das Ergebnis der Inhaltsanalyse interpretieren und in seiner Bedeutung darstellen.

Offensichtlich ist die korrekte Durchführung einer systematischen Inhaltsanalyse kein Leichtes und daher auch z. B. im Schulunterricht nicht immer durchführbar. Wenn wir dennoch ihre Prinzipien und Vorgehensweise knapp skizziert vorgetragen haben, so erstens darum, weil, wie eingangs erwähnt, so viele sich einer „Film-Inhaltsanalyse" rühmen, die in Wirklichkeit nur auf unsystematische und verführerische „Impressionen" hinausläuft, und weil es zweitens dem Analytiker dienlich sein kann, bei der Lektüre von Film-Inhaltsanalysen deren wissenschaftlich begründeten Wert zu erkennen oder sie als unmethodisch von der Hand zu weisen[24].

4. Filmwirkungen

Wo immer Filmanalysen durchgeführt und interpretiert werden, geschieht dies nicht als l'art pour l'art, sondern wird ein Zweck verfolgt, nämlich über die Analyse von Inhalten zur Analyse von *Wirkungen des Films* vorzudringen. Nun ist es eine bekannte Tatsache, daß Wirkungsforschungen, obgleich es sie in Hülle und Fülle gibt, bei gleich welchem Massenmedium auf erhebliche Schwierigkeiten operationeller und methodologischer Art stoßen[25]. Fest steht nur, daß es Wirkungen kurzer und langer Reichweite gibt und es sich lohnt, sie zum Wohle der Gesellschaft immer wieder aufs neue zu untersuchen. Aus diesen Gründen kommen auch wir in unserem Beitrag nicht umhin, zumindest andeutungsweise einige *prinzipielle Hinweise* auf die Filmwirkungsanalyse vorzulegen, obwohl sie mit dem, was schlechthin unter Filmanalyse verstanden wird, nur in der Relation von Mittel und Zweck zu verstehen ist, gar nicht in Kürze abgehandelt werden kann und eigentlich nach einem eigenen Beitrag verlangt. Wie dem auch sei, weisen wir als erstes darauf hin (was leider allzuoft übersehen wird), daß die Filmwirkungsanalyse bereits sehr früh, nämlich in den dreißiger Jahren in sehr kompetenter, um nicht zu sagen vorbildlicher Weise ansetzte. Zu nennen sind hier vor allem die sogenannten „Payne Fund Studies", die – angeregt durch die Agitation über die „Unsittlichkeit" von Hollywood und seiner Filme – in den Jahren 1927 bis 1933 in den USA durchgeführt wurden und von 1933 ab in 9 Bänden mit einem Gesamtbericht und 12 Einzelberichten erschienen sind, die heute kaum noch einzusehen sind[26].

Diese Untersuchungen konnten zwar gewisse Wirkungen wie etwa Einflüsse auf die Phantasie von Kindern nachweisen, direkte Effekte im Sinne unmittelbarer Anleitung zum Verbrechen z. B. konnten nicht festgestellt werden. Es zeigte sich damals schon, daß die Wirkungen von Filmen präkonditioniert sind durch den *apperzipierenden Hintergrund,* auf den die Inhalte treffen, so daß allenfalls die Wahrscheinlichkeit besteht, bereits existierende Attitüden zu bestätigen oder zu verstärken. Daher hat es eine gewisse seriöse Analyse schon seit langem drangegeben, ohne vorausgehende inhaltliche Analyse Interviews und Fragebogen zu trauen. Denn der Film und seine Inhalte agieren nur inmitten anderer vermittelnder Faktoren und Einflüsse und durch dieselben: Die vermittelnden Faktoren und Einflüsse – zusammenfassend von uns als apperzipierender Hintergrund bezeichnet – machen den Film und seine Inhalte zu einem *beitragenden* Element innerhalb des Prozesses der Verfestigung von Zuständen, Gewohnheiten und Lebensbedingungen aller Arten sowie nicht zuletzt im Rahmen des Sozialisationsprozesses.

Die neueren Wirkungsforschungen haben sich von Inhalten ausgehend primär Spezialaspekten des *Funktionstotals* von Filmen gewidmet, worunter vor allem die Analyse gesamtgesellschaftlich relevanter Tatbestände fällt. Diesem Analysefeld widmet sich besonders die französische Filmforschung[27], die marxistisch ausgerichtete Literatur, wenn auch nur selten von eigens durchgeführten empirischen Untersuchungen begleitet[28], sowie eine Richtung, die dem Prozeß der sozialen Kontrolle und in diesem Zusammenhang Propagandawirkungen durch den Film nachgeht[29]. Zu den Spezialaspekten möchten wir auch die Analyse und Erforschung von Filmeffekten in Erziehungsprozessen zählen. Wegweisend war hier ebenfalls eine amerikanische Arbeit, und zwar die von MARK A. MAY und ARTHUR A. LUMSDAINE: „Learning from Films", New Haven, Conn., 1958. Diesbezügliche deutsche Untersuchungen neigen vielfach dazu, ohne präzise auf Inhalte ausgerichtete Analysen, d. h. ohne die notwendigen Präliminarien den oder gewisse Filme negativ zu hypostatisieren oder aber sie so stark mit vorgefaßten Ideologien zu überschatten, daß sie ihre soziologische und/oder sozialpsychologische Relevanz verlieren.

5. Film als Kommunikation

Neben den bisher aufgezeigten Analyseausrichtungen, vielfach auch mit diesen offensichtlich oder unterschwellig verbunden, finden sich Beschäftigungen, die sich im Rahmen des *Films als Kommunikation* abspielen und dort speziellen Interessen nachgehen. Sie lassen sich zusammengefaßt wie folgt gruppieren.

a) *Natur des Mediums „Film"*. Analysiert wird hier die Wechselbeziehung zwischen Ton und Bild als Grundlage der Natur des Kommunikationsmediums. Zur Lösung dieses funktionalen Unterschieds entwarf z. B. SIEGFRIED KRACAUER[30] seine Theorie vom Gegensatz zwischen dem Film als Aufzeichnung und dem Film als Enthüllung. Indem „Natur" mit Inhalt bzw. dem Filmstoff gleichgesetzt wird, spezialisiert sich im vorliegenden Rahmen die Analyse auf erzieherische, dokumentarische oder wissenschaftliche Filme, auf Industrie-, Aktions-, Nachrichtenfilme u. a. m. Siehe hierzu z. B. RAYMOND SPOTTISWOODE, „A Grammar of the Film", Berkeley, Cal., 1950, und „Film and Its Technique", ebda.; KLAUS BREPOHL, „Der Deutsche Industriefilm. Eine Analyse", Köln 1966.

b) *Photographische und redaktionelle Verzerrungen im Film.* Die durch Kameraeinstellungen, unterschiedliche Kameralinsen, Geschwindigkeiten und andere zur Manipulation der Photographie dienenden technischen Einrichtungen wurden in ihren Auswirkungen auf den Kommunikationsprozeß und damit auch auf den Effekt u. a. analysiert von CHARLES CLARKE, „Professional Cinematography", Hollywood 1964; ENRICO FULCHIGNONI, „Betrachtungen über eine Soziologie der Fotografie", in: ALPHONS SILBERMANN (Hrsg.) Die Massenmedien und ihre Folgen, München/Basel 1970; PAULINE KAEL, „Citizen Kane Book", Boston 1971; KAREL REISZ, „Technique of Film Editing", New York 1953; V. J. PUDOVKIN, „Film Technique and Film Acting", New York 1960; OTTO HESSE-QUACK. op. cit.; MARTIN SCHLAPPNER, „Filme und ihre Regisseure", Bern/Stuttgart o. J.

c) *Musik und Film.* Analysen der Interaktion zwischen Musikalischem und Filmischem im Rahmen des kommunikativen Geschehens wurden sowohl von Musikern als von Filmtheoretikern und -praktikern vorgelegt[31].

d) *Strukturalistische und semiotische Probleme.* Im Anschluß an die über die Beziehungen zwischen der Struktur der Sprache und der Kultur einer Gesellschaft entwickelten Theorien und Untersuchungen[32] befaßt sich eine Analyserichtung damit, dieser Beziehung mit Bezug auf die Filmsprache nachzugehen. Unter semiologischen Aspekten werden hier (wie z. B. bei CHRISTIAN METZ, „Essais sur la signification au cinéma", Paris 1968) die Mechanismen analysiert, durch die sich die Menschen menschliche Bedeutungen innerhalb der menschlichen Gesellschaft übertragen[33].

e) *Integration, sozialer Wandel und der filmische Kommunikationsprozeß.* In diesem *gesamtgesellschaftlichen* Rahmen steht die Analyse vor einer doppelten Problematik. Denn einerseits geht es hierbei darum, die Elemente aufzuzeigen, die dazu dienen, die sozio-kulturelle Institution „Film" in die Gesellschaft zu integrieren; andererseits diejenigen, durch die der Film insoweit seine institutionelle Bedeutung erweist, als er sowohl für die Integration des Einzelwesens, als auch für die der Gesellschaft mitverantwortlich ist. Der Analytiker findet sich hier (ganz abgesehen von ökonomischen Erwägungen) verständlichen Schwierigkeiten gegenüber, die der Tatsache entspringen, daß Integration nur graduell vor sich geht und die Teilhabe des Einzelnen am Film als kreativem oder auch ästhetischem Werk immer nur eine partielle sein kann. Inhaltliche Analysen werden aufzeigen können, daß die Filmindustrie diese Schwierigkeiten dadurch zu überwinden sucht, daß sie entweder erfolg- und ertragreiche Inhalte endlos wiederholt oder Themen aus dem „vollen Leben" herausgreift. Wird die Analyse hierauf ausgerichtet, d. h. begibt sie sich auf das *sozio-ästhetische Terrain,* dann bedarf es der Erkenntnis, daß jede solche partielle Teilnahme einerseits Partizipation am sozialen Prestige bedeutet und andererseits Akzeptierung bestimmter Verhaltensmuster. Dies sind dann die beiden Untersuchungsfelder, auf denen sich die Analyse zu bewegen haben wird, zumal davon auszugehen ist, daß die Geschwindigkeit, mit der sich in einer mobilen Gesellschaft wie der unseren der sozio-kulturelle Wandel vollzieht, nach andauernder Angleichung verlangt wird. Wenn oberflächlich Denkende hier einwenden, eine solche Feststellung komme einem Plädoyer für Konformismus gleich, bedeute, dem Willen der Gesellschaft um jeden Preis Folge leisten, dann übersehen sie, daß sich, wie oben schon bemerkt, die hier angesprochene Integration doch in zwei Richtungen bewegt. Und die zweite Richtung ist es, nämlich die der Integration der Institution „Film“ in die Gesellschaft, die in einer freien Gesellschaft den Hemmschuh gegenüber Konformismus, Geschmacksdiktat oder Nivellierung bildet. Es darf sich der rationale Blick des Analytikers weder hier noch bei den anderen von uns aufgezeigten Analyserichtungen dadurch verschleiern lassen, daß der Film auch als Kunstwerk oder Kulturdokument[34] im guten wie im schlechten Sinne institutionelle Werte besitzt.

Michael Schaaf:
Theorie und Praxis der Filmanalyse

0. Einführung

0.1 Film im pädagogischen Feld

a) Tertiäre Sozialisation

Spätestens seitdem die These, daß die filmische Darstellung von Gewalt in den Medien Fernsehen und Kino das soziale Verhalten von Zuschauern und im besonderen Jugendlichen beeinflusse, wissenschaftlich untersucht wird, besteht ein Interesse daran zu erforschen, inwieweit neben Elternhaus, Schule und sozialer Umwelt die Massenmedien eine dritte Form von Sozialisation in unserer Gesellschaft sind und ob und in welchem Maße durch mediale Vermittlung Einstellungen und Verhaltensweisen geändert oder verfestigt werden können.

Filmanalyse in diesem Sinne ist Wirkungsanalyse[1] – sie ist es aber nicht ausschließlich. Sozialisation durch Film und andere Medien vollzieht sich nicht nur auf der Ebene der unmittelbaren Einstellungsmanipulation, sondern weit mehr auf Ebenen der mittelbaren Wirkungsprozesse, etwa der Verfestigung von Sehgewohnheiten, dem Einüben stereotyper Handlungsmuster u. ä. mehr.

b) Medien im Unterricht

Unterrichtliche Vermittlungsprozesse, die Medien – und besonders den Kinofilm – zum Inhalt haben, müssen den o. g. Voraussetzungen Rechnung tragen.

Während andere Medien, wie Literatur, Theater, Comics, usw. vom gegenwärtigen Lebensbereich des Schülers zumeist mehr oder minder distanziert sind, bezieht die tägliche Konfrontation mit Filmen, weniger durch das Kino als durch das Fernsehen, dieses Medium so intensiv in die Erlebniswelt vornehmlich jüngerer Schüler ein, daß ein unvoreingenommener Ansatz zur Filmanalyse zumeist unmöglich ist. Diese Tatsache macht es notwendig, daß bei der Praxis von Filmanalyse im Unterricht die didaktischen Überlegungen der Wahl der Analysemethode voranzustellen sind[2].

0.2 Zur Entwicklung der Filmanalyse

a) Filmkritik und Filmanalyse

Sprachliche Modeerscheinungen bringen es mit sich, daß Begriffe andere Bezeichnungen erhalten. So geschieht es in den letzten Jahren auch mit den Begriffen Filmanalyse und Filmkritik[3].

Ambitionierte Filmkritiker pflegen ihr Produkt als Filmanalyse zu bezeichnen, auch wenn sie sich und ihren Adressaten keine Rechenschaft über die Wahl der analytischen Methode geben. Bei den hier beschriebenen Methoden der Filmanalyse steht aber die Methodenreflexion im Vordergrund. Es erscheint unsinnig, an einem Film, um ihn hinreichend beschreiben zu können, alle aufgeführten Methoden nebeneinander anzuwenden. Vielmehr wird es im Einzelfall notwendig sein, das analytische Erkenntnisinteresse in Form einer Hypothese zu formulieren und dieser Hypothese für den Film relevante Einteilungskategorien (Genre, Thema, Herstellungsland, o. ä.) gegenüberzustellen. In das sich ergebende Raster werden bestimmte Analysemethoden hineinpassen, andere nicht.

b) Der terminologische Wandel

Wie in kaum einer anderen wissenschaftlichen Disziplin hat sich in den letzten zwanzig Jahren im ständigen Wandel terminologischer Bereiche bei der Theorie der Filmanalyse vollzogen.

Herrschten in den fünfziger Jahren philosophische Termini – selbst bei „modernen" Theoretikern wie Erich Feldmann[4] – vor, dominierten in den sechziger Jahren – initiiert durch Theoretiker wie Siegfried Kracauer[5] – soziologische Termini, gefolgt in unserem Jahrzehnt von den linguistischen Termini, deren Einführung in hohem Maße auf Christian Metz[6] zurückzuführen ist.

Die Tatsache, daß dieses Buch vorwiegend für den Deutschunterricht bestimmt ist, läßt eine solche Tendenz als nicht unvorteilhaft erscheinen, und so liegt ein Schwergewicht bei der terminologischen Konstruktion der hier vorgestellten Methoden auf sprach- und literaturwissenschaftlichen Ansätzen.

0.3 Der Stellenwert der Filmanalyse in der Medienpädagogik

0.3.1 Zum Begriff Medienpädagogik

a) Medienpädagogik und Mediendidaktik

Medienpädagogik bezeichnet die Beschäftigung mit pädagogisch relevanten Funktionen der Medien, Mediendidaktik bezeichnet die Beschäftigung mit Vermittlungsprozessen unter Einbeziehung von Medien.

Diese stark vereinfachte Unterscheidung macht deutlich, daß es in unterrichtlichen Vermittlungsprozessen drei Arten von Filmanalyse geben kann: die rein medienpädagogische[7], bei der das Medium Film nur Thema der Vermittlung ist (und bei der zu didaktischen Zwekken andere Medien, wie Overheadfolien, Tonband, Dia, etc. herangezogen werden); die rein mediendidaktische[8], bei der untersucht wird, ob das gewählte Medium Film die geeignete Vermittlungsform ist, und die dritte, bei der die Struktur des Films Vermittlungsgegenstand ist, der Film aber auch gleichzeitig Vermittlungsmedium wird[9].

Die Unterscheidung scheint banal, wie relevant sie ist, wird aber umso deutlicher, je höher der Anspruch auf Objektivität der Analyse ist (ein eklatantes Beispiel für diesen Aspekt sind die analytischen Filme Bernward Wembers).

b) Didaktik der Medienpädagogik

Praktizierte Filmanalyse kann zwei Aufgaben haben: 1. durch Einüben der Methoden wissenschaftliches Arbeiten zu erlernen (dafür ist Filmanalyse eine alternative Möglichkeit neben anderen, wie Gedichtinterpretation, Textanalyse, aber auch formale Logik, Informatik o. a.)[10] oder 2. die Konstruktion eines Filmes durchschauen zu lernen.

Wird der zweite Aspekt als Lernziel gewählt, ist die Filmanalyse Bestandteil einer umfassenderen Didaktik der Medienpädagogik. Deren Lernziele sind neben dem genannten 1. das Wissen über die Medien und ihre Funktion und 2. das Vermögen, sich bewußt den Wirkungen der Medien auszusetzen und sie beherrschen zu lernen. Zwischen diesen Elementen der Medienpädagogik, der Medienkunde und der Medienerziehung, nimmt die Medienanalyse eine vermittelnde aber auch dominierende Funktion ein.

0.3.2 Elemente der Medienpädagogik

a) Medienkunde, Medienanalyse, Medienerziehung

Filmanalyse unter medienpädagogischem Aspekt muß eingeleitet werden durch medienkundliche Information über die Produktionsbedingungen von Filmen, über die technischen Möglichkeiten und Grundlagen sowie über die Prozesse bei medialer Vermittlung von Inhalten; sie muß erweitert werden durch Übungen, um die gewonnenen Erkenntnisse und angewandten Methoden für die eigene Filmrezeption permanent nutzbar zu machen. Die Medienkunde führt als Faktenvermittlung notwendig auf einer bestimmten Stufe zur Medienanalyse, dann nämlich, wenn es zu untersuchen gilt, ob sich die Strukturen und Zwänge der Medienproduktion in den Produkten widerspiegeln. Ebenso zieht die praktizierte Medienanalyse, wenn sie erfolgreich war, die kritische Einstellung zu den Medien mit sich, bleibt also bewußtes oder nicht bewußtes Wertungsinstrument des Rezipienten.

Wenn also auch von den drei Elementen der Medienpädagogik die Medienanalyse das autonomste ist, wird in einem gut strukturierten Vermittlungsprozeß zur Übung von Analysetechniken der medienkundliche und der medienerzieherische Aspekt Eingang finden müssen; das gilt besonders für die Filmanalyse.

b) Filmanalyse als spezielle Medienanalyse

Aus den bisher genannten Gründen ist die Filmanalyse eine spezifische Medienanalyse. Zum einen ist bei den Rezipienten die Analysedistanz zum Medium sehr gering, zum anderen ist der Film ein sehr komplexes Medium mit vielen Konstituenten und kompliziertem Aufbau der Elemente. Deshalb scheint es ratsam, die weniger komplexen Formen des Films (z. B. Trickfilme, Dokumentarfilme, etc.) oder auch Stummfilme zum Einstieg in die Filmanalyse vorzuziehen[11].

Auf der anderen Seite kommt der Analyse von Spielfilmen entgegen, daß die Komplexität von den Rezipienten als gewohnt empfunden wird (was bei ungewohnten Medien, wie Lyrik, Theater, Hörspiel usw. nicht der Fall ist)[12]. Bei der Wahl geeigneter Vermittlungsmethoden wird daher für Anfänger der Medienanalyse die Filmanalyse die geeignetste sein.

0.3.3 Curriculare Probleme der Filmanalyse

a) Filmanalyse im geistes- und gesellschaftswissenschaftlichen Unterricht

Solange an den meisten Schulen kein Unterricht im Fach Medienpädagogik angeboten wird, sollten medienpädagogische Unterrichtseinheiten in den Bereich des geistes- und gesellschaftswissenschaftlichen Unterrichts integriert werden.

Für den Schwerpunkt Filmanalyse werden, wenn es sich nicht um die Analyse eines Dokumentarfilmes oder der Fernsehberichterstattung handelt, der Deutschunterricht oder der Unterricht in visueller Kommunikation Vorrang gegenüber dem Sozialkundeunterricht haben.

b) Zur Position der Filmanalyse im Deutschunterricht

Wenn der Deutschunterricht den Bereich der Vermittlung von Sprachkompetenz verläßt und in den Bereich von Textinterpretation und Textproduktion eintritt, kann Film als Unterrichtsgegenstand mitunter die klassischen Inhalte ersetzen oder ergänzen[13]. Statt einer Bildbeschreibung ist eine Sequenzliste möglich; statt der Nacherzählung einer Kurzgeschichte die Nacherzählung eines Kurzfilms, statt der Interpretation eines Dramentextes die Interpretation einer Dramenverfilmung.

Allerdings kann der Film die Beschäftigung mit Texten nicht ersetzen. Je mehr in den jeweiligen Curricula ein Schwergewicht auf das Erlernen semiotischer oder interpretatorischer Methoden gelegt wird, desto intensiver kann die Filmanalyse in Vermittlungsprozesse integriert werden[14].

1. Wissenschaftliche Ansätze zur Filmanalyse

1.1 Aus Kommunikationsforschung und Linguistik

1.1.1 Zu den Begriffen Kommunikation und Medium

Jede Methode der Filmanalyse hat eine grundlegende Voraussetzung: Der Film wird als Medium innerhalb eines Kommunikationsprozesses verstanden – er ist das Kommunikat einer Institution (oder als Sonderfall: eines Filmemachers) für eine bestimmte Gruppe von Rezipienten.

Das sogenannte Feldschema der Massenkommunikation[15] umfaßt alle die Elemente eines solchen Kommunikationsprozesses, die für die Analyse des Kommunikats wichtig sind: Die Information über den Kommunikator – seine Stellung in der Gesellschaft, sein Verhältnis zum Sachverhalt des Kommunikats, sein Selbstbild, sein Bild vom Rezipienten, die Situation bei der Erstellung des Kommunikats, u. v. m. –, die Information über das Medium – seine technische Erstellung, seine Produktionsbedingungen, seine Distribution, u. v. m. – und die Information über den Rezipienten (den vom Kommunikator angezielten oder auch den Analysator selbst) – sein Bild vom Kommunikator, seine Einstellung zum Medium, seine gesellschaftliche Position, sein Selbstbild u. v. m. –.

Information, die der Kommunikator dem Rezipienten vermitteln will, kann in den unterschiedlichsten Medien vermittelt sein[16]. Eine im Deutschunterricht angesiedelte Filmanalyse wird sehr oft durch die medienspezifischen Merkmale bei den unterschiedlichen Mediatisierungen einer Information zum Analysegegenstand machen. Für die einzelnen Medien sind dann auch die Methoden unterschiedlich[17].

1.1.2 Zu den Begriffen Zeichen und Semantik

Medien enthalten ihre Informationen mit Hilfe von Zeichen. Die gleiche Information kann durch Zeichen aus verschiedenen Zeichensystemen wiedergegeben werden, z. B. durch sprachliche Zeichen als Wort, durch akustische Zeichen als Ton, durch ikonografische Zeichen als Bild, durch optische Zeichen als Symbol usw.[18].

Film – besonders der Tonfilm – ist ein Konstrukt aus vier Zeichensystemen, dem des Bildinhaltes, dem der Bildbewegung und Bildfolge (dem eigentlich filmspezifischen Zeichensystem, das als der filmische Code bezeichnet wird), dem der Sprache und dem der Musik.

Filmanalyse wird dadurch erschwert, daß die Bedeutung filmischer Einheiten nicht durch die Analyse der Bedeutungen der Zeichen der verschiedenen Systeme erkannt werden kann, sondern daß alle Zeichensysteme im Film durch die Verbindung ihrer Zeichen zur Bedeutungsbildung beitragen.

Eine Semantik des Films – eine Auflistung der Bedeutung aller Zeichen, so wie das für die Sprache möglich ist, für den Film aufzustellen – ist daher kaum realisierbar[19].

Weiterhin ist eine Semantik zeitlichem Wandel unterzogen: Was vor zwanzig Jahren im Film als ergreifend empfunden wurde, mag heute lächerlich wirken, was als geschmackvoll galt, mag heute als Kitsch bezeichnet werden[20].

Daher ist Filmanalyse immer auch Semiotik des Films; sie versucht die Bedeutung der filmischen Zeichen festzustellen für bestimmte Rezipienten in einer bestimmten Situation.

1.2 Aus Soziologie und Psychologie

1.2.1 Zu den Begriffen Warencharakter und ideologische Implikation

Die Produktion eines Filmes ist in den meisten Fällen mit hohem finanziellen Aufwand verbunden. Dieser Aufwand muß durch Einnahmen von den Rezipienten gedeckt werden (eine Ausnahme bilden natürlich staatlich finanzierte, z. B. didaktische Filme und – bedingt durch die öffentlich-rechtliche Struktur des Fernsehens in der Bundesrepublik – bestimmte Fernsehfilme).

Filme werden also in der Regel als Ware auf dem Markt verkauft[21]. Für die Filmanalyse ist es wichtig zu entscheiden, ob auf diesem Markt die Nachfrage das Angebot bestimmt, ob also die große Produktion an Trivialfilmen begründet ist durch die Konsumtionswünsche des Publikums, oder ob vielmehr das Angebot die Nachfrage bestimmt, also der Mangel an alternativem Filmangebot die Rezipienten die billige Serienware konsumieren läßt[22].

Insofern ist das Medium Film prädestiniert, Träger ideologischer Implikationen zu werden, weil es imstande ist, scheinbare Realität so nachvollziehbar dem Rezipienten vor Augen zu führen, daß dieser im Rezeptionsvorgang in die Traumwelt des Films einbezogen wird, in der ihm bestimmte Verhaltensmuster offeriert und auf ihn übertragen werden, die zur Manifestation des bestehenden gesellschaftlichen Systems beitragen.

Ideologien einer Gesellschaft, soziale Normen oder Herrschaftsstrukturen, die sich nur von einer gesellschaftlichen Gruppe aus rational begründen lassen, finden dadurch leicht Eingang in Filme, weil es zumeist diese Gruppe ist, die die Produktionsmittel für Filme in den Händen hat. So scheint die Ware Film das Bedürfnis der Rezipienten zu erfüllen, in Wirklichkeit erfüllen sie das Bedürfnis der Filmproduzenten, ihre wirtschaftliche Macht auszuweiten[23].

1.2.2 Zu den Begriffen Einstellungsbildung und Selektion

Manipulation und Propaganda sind Begriffe, die immer wieder im Zusammenhang mit Filmanalyse auftauchen. Wissenschaftliche Filmanalyse wird selten nachweisen können, ob Filme zu Einstellungsbildungen beigetragen haben[24].

Grundsätzlich sind zwei Arten der Vermittlung von Einstellungen denkbar: Die vermittelte Einstellung stimmt mit der des Rezipienten überein (kognitive Assonanz) oder die Einstellungen divergieren (kognitive Dissonanz). Im ersten Fall kann die Wirkung des Films in einer Verstärkung der Einstellung des Rezipienten bestehen; im zweiten Fall kann eine Einstellungsänderung beim Rezipienten nur eintreten, wenn die Wertung, die der im Film vertretenen Einstellung immanent ist und die den Wertvorstellungen des Rezipienten widerspricht, verknüpft ist mit einer zweiten Wertung, die der Rezipient aufgrund eigener Einstellung teilt und die er höher einstuft als die erstgenannte Einstellung. Ein Beispiel mag dies verdeutlichen: In einem Film wird gezeigt, daß die Erreichung sozialer Gerechtigkeit in einer Gesellschaft nur durch eine Revolution möglich ist. Der Rezipient, der diesen Film sieht, ist grundsätzlich gegen Gewaltanwendung eingestellt, aber setzt sich mit aller Kraft persönlich für soziale Gerechtigkeit ein.

Wenn der Film imstande ist, deutlich zu machen, daß die Erlangung sozialer Gerechtigkeit ohne Anwendung von Gewalt nicht möglich ist, wird der Rezipient unter Umständen seine grundsätzlich ablehnende Haltung gegen Gewalt aufgeben und in diesem Fall die Anwendung von Gewalt zur Erreichung des höher stehenden Ziels akzeptieren[25].

Eine weitere Möglichkeit der Untersuchung von Einstellungsbildung im Film ist das Problem der Selektion. Der Rezipient nimmt nur das wahr, was seiner Sehgewohnheit und Einstellung entspricht, alles weitere empfindet er als Störung im Kommunikationsprozeß[26].

1.3 Aus Literatur- und Kunstwissenschaft

1.3.1 Zu den Begriffen Gattung und Struktur

Grundlegend bei der Wahl der Methode zu einer Filmanalyse ist die Überlegung, welcher filmischen Gattung ein Film zuzurechnen ist. Die Entscheidung darüber gibt bereits eine recht genaue Perspektive für eine sinnvolle Auswahl der Methoden (für die Analyse eines Dokumentarfilms z. B. sind bestimmte Methoden ungeeignet).

Allerdings muß darauf hingewiesen werden, daß die Einteilung von Filmen in Gattungen problematisch ist, wie jede strenge Kategorisierung sonst.

Drei Hauptgattungen seien genannt: Fiction-Film (Spielfilm), Dokumentarfilm und Animationsfilm (Trickfilm). Daneben gibt es Zwischenformen, wie den Dokumentarspielfilm, den Experimentalkurzfilm usw.[27].

Die filmische Gattungstheorie bemüht sich, einigermaßen exakte Untergruppierungen zu den Hauptgruppen zu finden. Diese sind teilweise von der Literaturwissenschaft entlehnt, wie Filmkomödie, Filmepos, Filmdrama, etc. (gemeint ist hier nicht verfilmte Literatur), teilweise entstammen sie der Filmhistorie, wie Filmstudie, Featurefilm, Filmimpression. Darüber hinaus ist auch versucht worden, Periodisierungsmuster der Literaturwissenschaft auf Filme zu übertragen. Bezeichnungen, wie deutscher oder russischer Expressionismus, italienischer Neorealismus, englischer Dokumentarismus mögen eine Zeittendenz in der Konzeption von Filmen sichtbar machen, geben bei einer methodischen Filmanalyse aber lediglich ungefähre Anhaltspunkte[28]. Der neuerdings sowohl in die Literatur- als auch in die Filmwissenschaft eingeführte Strukturbegriff scheint als Unterscheidungsmerkmal geeigneter. Gemeint ist damit nicht der Aufbau des Films, sondern die Überlagerung der filmischen Form durch die Realität[29].

Die Kategorisierung, es handele sich bei einem bestimmten Film um einen Film mit dokumentarischer Struktur, sagt nichts über die Gattung aus – es kann sich ebenso um einen Spielfilm wie um einen Dokumentarfilm handeln – sie sagt etwas aus über ein hohes Maß von Authentizität[30].

1.3.2 Zu den Begriffen Stil und Genre

Seit der Film nicht mehr als billiger Jahrmarktsklamauk verschrien ist, sondern angefangen hat, als Kunstfilm anerkannt zu werden, haben Filmhistoriker versucht, Filme nach *Stilrichtungen* zu sortieren[31].

Es ist sicherlich richtig, daß ein bestimmter Regisseur eine ganz persönliche Art hat, Filme zu konzipieren. Allerdings ist zu bedenken, daß Autorenkino (Filme, zu denen der Regisseur auch das

Drehbuch geliefert hat) selten ist. Neben dieser Form des persönlichen Stils des Regisseurs gibt es Formen von Stilprägungen, etwa durch die Zusammenarbeit in einem Team von Regisseur, Drehbuchautor, Kameramann und Komponist[32].

Alle weiteren Stilbegriffe werden problematisch. Sicherlich lassen sich bei allen Regisseuren, die der französischen „Nouvelle Vague" zugeordnet werden, gemeinsame Merkmale feststellen[33], ein gleiches gilt für die Regisseure des „jungen deutschen Films". Ebenso lassen sich aber gleiche Stilmerkmale auf der einen Seite bei Regisseuren entdecken, die nichts mit diesen „Schulen" zu tun haben (z.B. englischen oder polnischen Regisseuren), wie auf der anderen Seite es zwischen den Filmen von Regisseuren aus den „Schulen" eklatante stilistische Unterschiede gibt.

Einer der Begriffe, der sich im filmkritischen Bereich eigenständig entwickelt hat, ist der des *Genres*. Er bildet für filmanalytische Ansätze eine praktikable Grundorientierung.

Die Hauptgruppen, wie Western, Gangsterfilm, Kriminalfilm, Science-Fiction-Film, Horrorfilm, Slapstickfilm, Agitationsfilm, Kriegsfilm, Literaturverfilmung, um nur einige zu nennen, lassen sich beliebig verfeinern und vor allem kombinieren, so daß die Zuordnung eines Films zu einem Genre oder einer Genrekombination die Perspektive der Analyse nicht einengt.

2. Die Bereiche der Filmanalyse

2.1 Film als Konsumartikel

Filmanalyse beschäftigt sich mit dem Medium Film in unterschiedlichen Bereichen. Die Wahl des Bereichs ist neben anderen Kriterien ausschlaggebend für die Wahl der Analysemethode.

Filmrezeption verstanden als Konsumtion ordnet den Film ein in die Reihe der Konsumartikel, insbesondere der Unterhaltungsindustrie[34].

Um den Stellenwert des Films im Konsumtionsprozeß beschreiben zu können, muß zwischen drei Typen des Konsumfilms unterschieden werden: dem Unterhaltungsfilm, dem scheinbar realitätsbezugsfreien Film, dem realitätsbezogenen Film[35].

Diese etwa ungewöhnlich anmutende Unterscheidung ist sinnvoll, wenn man sich im klaren darüber ist, daß mehr als die Hälfte aller Rezipienten nur solche Filmtypen ansieht; eine pauschale Kategorisierung als Trivialfilm würde den Zusammenhängen nicht gerecht werden.

Der Unterhaltungsfilm (Slapstick, Komödie, Comic etc.) hat die Funktion, den Rezipienten zu entspannen. Seine Handlungen sind konfliktlos, seine Machart ist schlicht. Gags und Action bilden das Handlungsgerüst. Der realitätsbezugsfreie Film (Western, Science-Fiction, Horrorfilm etc.) zeigt eine Welt der Gefahren und Kämpfe. Der Zuschauer wird von der Handlung angespannt und erregt. Er identifiziert sich mit dem Handlungsträger, der meistens das Prinzip des Guten verkörpert und zum Schluß in den meisten Fällen siegt. Im Film kann der Rezipient sein gesamtes Bedürfnis nach Abenteuer und Heldentum abbauen. Nach Filmende ist er froh, wenn er in die Eintönigkeit, aber Gefahrlosigkeit seiner Umwelt zurückkehren kann.

Der scheinbar realitätsbezogene Film (Agentenfilm, Kriminalfilm, Sexfilm etc.) zeigt eine Traumwelt, in der die Helden ihre Abenteuer besehen. Der Rezipient, der – in diese Traumwelt versetzt – sich von seinen Alltagsproblemen lösen kann, findet im Film eine Fülle von Konsumartikeln, mit denen die Traumwelt ausgestattet ist. Diese Konsumartikel (Mode, Auto, Schmuck, Reisen, Alkohol usw.) wird er kaufen wollen, um in sein eigenes Leben ein wenig von der Traumwelt des Films zu transferieren[36].

2.2 Film als Kulturprodukt

In den rund 80 Jahren seiner Existenz hat der Film immer ein bescheidenes Dasein neben anderen Künsten, wie Musik, Malerei, Theater usw., gefristet. Es ist sicherlich auch recht schwierig zu entscheiden, welcher Film künstlerischen Charakter hat oder nicht.

Unter Filmhistorikern herrscht z. B. Einigkeit darüber, daß alle Filme S. M. Eisensteins Filmkunstwerke sind, während bei den Filmen John Fords die Meinungen geteilt sind[37].

Leichter läßt sich dagegen entscheiden, ob ein Film trivial ist oder nicht.

Glaubt man, ihn nun nicht den Konsumfilmen zuordnen zu müssen, so kann er als Kulturprodukt bezeichnet werden, ein Produkt, das den Anspruch erhebt, Fortbestand zu haben[38].

Die Analyse eines Films aus diesem Bereich kann nicht so stereotyp sein wie die von Konsumfilmen. Das Maß an Vollständigkeit und Exaktheit der Analyse hängt davon ab, inwieweit der Analysator imstande ist, die Information des Kommunikators zu verstehen. Die Integration beider in ihren historischen und kulturellen Rahmen lassen die Kommunikation unter Umständen nicht eindeutig werden. Filme als Kulturprodukt spiegeln ja immer einen Ausschnitt der Gesellschaft, in der sie entstanden sind. Wie groß oder relevant dieser Ausschnitt und wie konkret oder abstrakt die Spiegelung ist, hängt im wesentlichen von der Vermittlungsintention des Kommunikators ab.

Es scheint durchaus legitim, innerhalb einer Filmanalyse Wertungskriterien dafür aufzustellen, inwieweit es dem Kommunikator gelungen ist, seine Vermittlungsintention dem Rezipienten verständlich zu machen. Dabei ist natürlich wichtig zu beachten, daß der Analysator durchweg nicht der angezielte Rezipient für den Kommunikator ist. Die Analyse sollte daher auf Methoden aufbauen, bei denen die Person des Analysators als Analysevariante zu vernachlässigen ist.

2.3 Film als Bildungsmittel

Man kann heute noch nicht davon reden, daß Film und Filmwissenschaft zu den anerkannten Bildungsgebieten in unserer Gesellschaft zählen[39].

Medienpädagogik, wie sie vereinzelt an Schulen betrieben wird, behandelt Film dann auch exemplarisch, um entweder Mechanismen der Kulturindustrie zu demonstrieren oder eine spezifische Form audiovisueller Codierung vorzustellen.

Einen umfassenden Bildungskodex zum Medium Film gibt es bestenfalls an einigen wenigen Universitätsinstituten[40].

So wird Film in der Schule noch nicht als ein Mittel zur Erlangung umfassender Bildung verstanden, wie es bei anderen Medien der Fall ist (Literatur, Malerei, konzertante Musik usw.).

Ein zu erstellendes Curriculum über Film könnte sicherlich ähnlich strukturiert sein wie eines über Literatur. Ähnlich wie dort die Analyse neben historischen Überblicken und systematischen Kategorisierungen einen breiten Raum einnimmt, würde sie es auch in einem Curriculum über Film als Bildungsmittel.

Während die Filmanalyse in den anderen Bereichen fast immer auf ein Beispiel bezogen ist, wären hier interessante Versuche wie vergleichende Analysen z. B. von Filmen verschiedener Produktionsländer, dem ersten und letzten Film eines Regisseurs, Filmen zum gleichen Thema aus verschiedenen Epochen, verschiedene Techniken (z. B. Montagen), Motive, Vergleiche Film und Theater, Adaptionen u. v. m.[41].

Die Möglichkeiten eines solchen Curriculums zum Gesamtbereich Film sind unüberschaubar; sie werden jedoch eingegrenzt sein durch das Problem der Beschaffung von Beispielfilmen, die nicht so leicht verfügbar sind, wie die Literatur[42].

Wie relevant es wäre, dem Film als Bildungsmittel unter Umständen vor anderen Bildungsinhalten, die heute noch vermittelt werden, den Vorrang zu geben, soll hier nicht erörtert werden. Angemerkt sei aber, daß zumindest für eine fundierte Analyse von Spielfilmen gewisse Kenntnisse zum Bereich Film mehr als wünschenswert sind[43].

2.4 Film als Vermittlungsform

Filmanalyse, soweit sie Eingang fand in Bereiche schulischer und außerschulischer Bildungsarbeit, war bislang fast ausschließlich Analyse von Spielfilmen. Selbst Trickfilme, die von ihrer Konstruktion her überschaubar sind, wurden nahezu ausschließlich von ihrem Inhalt her analysiert.

Die Analyse von Dokumentarfilmen, von Fernsehsendungen, von Informationsfilmen und den zahlreichen anderen Filmtypen, bei denen es darum geht, eine spezifische Information zu vermitteln, war bislang unpopulär.

Der Grund dazu ist nicht nur in der Unkenntnis der Methoden zu suchen. Sicher ist die Analyse eines kommerziellen Spielfilms reizvoller als die eines Dokumentarfilms; auch ist die oberflächliche Analyse eines solchen Spielfilms einfacher als die des schlichteren Dokumentarfilms; nur ist eine Ansammlung allgemeiner Bemerkungen zum Inhalt eines Films, zum Regisseur und zum Genre, angereichert mit Anmerkungen zur Kameraführung keine Filmanalyse.

Es erscheint uns daher sinnvoller, einige grundlegende Methoden der Filmanalyse an kurzen didaktischen Filmen zu erproben als sogleich die gesamte Komplexität eines Spielfilms untersuchen zu wollen, obwohl in der Schulpraxis dieser Weg häufig versucht wird.

3. Theoreme der Filmanalyse

3.1 Der filmische Code

3.1.1 Semantik des Films

Die Semantik des Films beschreibt die Bedeutung der filmischen Zeichen.

a) Die bedeutungsändernden Elemente des Films

Jeder Film ist durch eine große Zahl von Elementen mitbestimmt, deren Existenz dem Zuschauer kaum bewußt wird. Es sind die Elemente, die selbst weder Bedeutung tragen noch Bedeutung bilden, also ohne Inhalt sind.

In vereinfachender Form kann man vier dieser Elemente unterscheiden:

I. *Beleuchtung*

Für die Wirkung eines Bildes ist die Beleuchtung von großer Wichtigkeit. Die gleiche Szene, unterschiedlich beleuchtet, kann einmal freundlich, ein anderes Mal gespenstisch wirken.

II. *Brennweite des Kameraobjektivs*

Verschiedene Brennweiten vom Weitwinkelbereich bis zum Telebereich geben einen Raum verschieden wieder. Ein Weitwinkelobjektiv dehnt die Perspektive, der Raum wirkt weit, ein Teleobjektiv komprimiert die Perspektive, der Raum wirkt eng.

III. *Die Kameraeinstellung*

Es wird unterschieden zwischen den Kameraeinstellungen: Weit (Landschaftsaufnahmen), Totale (gesamte Szenerie), Halbtotale (Hausfront), Halbnah (Menschengruppe), Nah (Einzelperson), Groß (Portrait), Ganz-Groß (Gesicht), Detail (Auge). Die Einstellungen Weit, Totale und Halbtotale geben bei der gleichen Szenerie einen guten Überblick, verhindern aber Informationen über Einzelheiten, die Einstellungen Groß, Ganz-Groß, Detail geben Einzelheiten gut wieder, ermöglichen aber nicht die Information über den Gesamtzusammenhang.

IV. *Die Kameraperspektive*
Man unterscheidet Normalperspektive, Unterperspektive („amerikanische Einstellung"), Oberperspektive.

Statt in der Normalperspektive aufgenommen wirkt das gleiche Motiv in der Oberperspektive unbedeutend, in der Unterperspektive drohend.

b) Die bedeutungsbildenden Elemente des Films
Zum Aufbau der kleinsten bedeutungstragenden Einheit des Films sind Elemente von vier verschiedenen Zeichensystemen notwendig:
I. *Das dramaturgische System*
Zur Erstellung eines Films wird eine Szenerie aufgebaut, in der sich Personen bewegen (im Dokumentarfilm ist die Szenerie real).
II. *Das fotografische System*
Zur Erstellung eines Films wird die Szenerie beleuchtet und von einer Kamera mit bestimmter Perspektive bestimmter Objektivbrennweite und bestimmter Einstellungsgröße aufgenommen.
III. *Das sprachliche System*
Zur Erstellung eines Films wird ein bestimmter Text aufgenommen und zur Szenerie nachsynchronisiert.
IV. *Das musikalische System*
Zur Erstellung eines Films wird gemäß der Handlung eine bestimmte Musikbegleitung eingemischt[44].

Alle vier Elemente können bereits separat gesehen Bedeutung tragen. In ihrem Zusammentreffen entsteht allerdings erst die Bedeutung der kleinsten bedeutungstragenden filmischen Einheit. Diese Unterscheidung ist sinnvoll, weil es leicht ersichtlich ist, daß die Kombination verschiedener bedeutungstragender Elemente sowohl zu einer Verstärkung der Bedeutung eines Elements als auch zur Abschwächung oder Umkehrung führen kann (nicht nur die Gattungen Parodie, Travestie und Persiflage machen das deutlich, sondern auch aktuelle Analysen von Fernsehsendungen und Dokumentarfilmen). In ihrer jeweiligen Semantik gibt es bei den einzelnen Zeichensystemen spezifische Varianten für den Film: Die Dramaturgie der Spielfilmhandlung ist verschieden von der Dramaturgie des Theaters, die Filmfotografie wird nach anderen Regeln gehandhabt als die Bildfotografie, der Filmdialog ist anders konzipiert als der Hörspieldialog, und die Filmmusik unterliegt anderen Gesetzen als die übrige Komposition.

Im Prozeß einer Filmanalyse werden diese Unterschiede sichtbar. Die experimentelle Veränderung eines der Elemente, das Weglassen, das Austauschen oder das Verändern einzelner Elemente, läßt deutliche Veränderungen in der Bedeutung der Gesamtkombination sichtbar werden. Ein solcher Versuch ist zumeist ein erfolgreicher erster Einstieg in die Technik der Filmanalyse.

c) Die bedeutungstragenden Elemente des Films

Das kleinste bedeutungstragende filmische Element (Morphem) ist die *Einstellung*. Die Einstellung ist eine Kombination von Bild und Ton. Sie ist dadurch bestimmt, daß während ihrer Dauer kein Schnitt erfolgt.

Es sei an dieser Stelle darauf hingewiesen, daß Vergleiche filmischer Elemente mit sprachlichen Elementen, wie es oft in vereinfachenden Darstellungen praktiziert wird, unangemessen sind – die Einstellung ist weder vergleichbar mit dem Wort noch mit dem Satz.

Als kleinste bedeutungstragende Einheit des Films enthält die Einstellung eine Information, in ihr wird eine filmische Aussage gemacht.

Das heißt nicht, daß die Einstellung grundsätzlich eine hinreichende Information zur Bildung einer Aussage liefert; es kommt oft vor, daß die Kombination zweier Einstellungen und damit die Verbindung zweier Informationen erst eine Aussage bilden (sowohl die Filme Eisensteins, als auch die Filme Hitchcocks sind gute Beispiele dafür).

Im wesentlichen auf die Analyse des Spielfilms beschränkt bleibt die Einführung des nächstgrößeren bedeutungstragenden Elements im Film – die *Szene*. Entlehnt der Theatersprache und Dramentheorie wird damit der Teil eines Films beschrieben, der durch die Einheit von Ort und Zeit charakterisiert werden kann. Es bleibt dem einzelnen Analytiker überlassen, ob er es für praktikabel hält, einen bestimmten Film in Szenen einzuteilen – bei einigen Filmen wird sich dieses Verfahren anbieten, bei anderen wird es kaum anwendbar sein.

Eine generell eingeführte Bezeichnung für die Verbindung mehrerer Einstellungen ist die des *Syntagmas*. Syntagmen enthalten einen inhaltlich geschlossenen Abschnitt der Handlung.

So undifferenziert diese Beschreibung auch ist, sie läßt sich bei allen Filmarten innerhalb der Analyse sinnvoll anwenden. Eine detailliertere Untersuchung zur Konstruktion von Syntagmen wird im nächsten Kapitel folgen.

Eine weitere Unterscheidung der bedeutungstragenden Elemente läßt als Einheit die *Syntagmenfolge* und schließlich den gesamten *Film* abgrenzbar werden[45].

3.1.2 Syntaktik des Films

Die Syntaktik des Films beschreibt die Verknüpfungsregeln für die bedeutungstragenden Elemente des Films.

a) Die Einstellung

Einstellungen, obwohl sie kleinstes bedeutungstragendes Element des Films sind, müssen bei der Aufstellung einer filmischen Syntagmatik berücksichtigt werden, weil sie selbst Kombination verschiedener filmischer Elemente sind und die syntagmatischen Verknüpfungen teilweise bei den verschiedenen Elementen an verschiedener Stelle auftreten. So ist es beispielsweise üblich, Einstellungen auf der Bildebene zu wechseln, während in der Tonebene die Kontinuität erhalten bleibt, aber umgekehrt ist es auch möglich, während einer Einstellung auf der Bildebene den Inhalt der Tonebene (Musik, Geräusche, Kommentar, etc.) zu verändern[46].

Für eine Analyse wird also auf der ersten Stufe zu untersuchen sein, welche Informationen die *bildliche* Ebene (Szenerie, Requisiten, Dramatik, Beleuchtung, Kameraführung und Filmformat) enthält, auf einer zweiten Stufe wird die *sprachliche* Information der Einstellung festzuhalten sein, und auf einer dritten Stufe gilt es, den Informationsgehalt von *Musik* und *Geräusch* zu isolieren. Es sei nochmals bemerkt, daß die Bedeutung einer Einstellung erst durch das Zusammentreten aller drei Elemente zustande kommt; allerdings enthält jedes Element je eigene Information.

Es wird festzustellen sein, daß die drei Elemente unter Umständen eine bestimmte Information (etwa „Gefahr") jeweils spezifisch und damit ein Zusammenwirken verstärkt wiedergeben können, ebenso ist es denkbar, daß die Wirkungen interferieren, daß also die Wirkung des einen Elements durch die Wirkung des anderen abgeschwächt wird, ja sogar, daß eine Information der anderen entgegengesetzt ist.

Auf die Bedeutung der einzelnen Elemente der Einstellung und deren Konstituenten wird im weiteren Zusammenhang ausführlich

EINSTELLUNGSGRÖSSEN

einzugehen sein. Es bleibt festzuhalten, daß in der Syntaktik des Films die Verknüpfung der drei Ebenen untereinander, wenn man will in einer senkrechten Koordinate, ebenso wichtig ist, wie die eigentliche Syntax, die Verbindung der Einstellungen untereinander, in einer waagerechten Koordinate.

b) Die Montage

Zur Einstellung eines Films werden beim Vorgang des Schnitts einzelne Einstellungen zu Folgen von Einstellungen montiert; es entstehen filmische Syntagmen.

Während die Syntaktik des Films die Abfolge der einzelnen Einstellungen regelt, ordnet die Theorie der Montage die Verknüpfungsformen von jeweils zwei Einstellungen. Dabei gewinnt die Verbindung beider Einstellungen an Bedeutung gegenüber der Summe der Einzelbedeutungen. Von zahlreichen Versuchen, für die Montageformen eine Terminologie zu entwickeln, wird hier auf die Ansätze zurückgegriffen, die sich linguistischer und rhetorischer Theoreme bedient, obwohl nicht oft genug betont werden kann, daß Semantik und Syntaktik des Films nicht mit denen der Sprache verglichen werden können. Aus Gründen der Praktikabilität soll die folgende Aufstellung von Montagetypen auf die 10 gebräuchlichsten beschränkt bleiben[47].

I. Montagefiguren durch Mehrfachverwendung von Einstellungen (Bildbeispiele für die Montagefiguren auf den Seiten 57–68)

A. *Parallelmontage* (Anapher, Epipher, Complexio) – nicht zu verwechseln mit parallelem Syntagma – Verbindung mehrerer Einstellungen, mindestens vier, bei der eine der verbundenen Einstellungen nach einer bestimmten Abfolge der anderen immer wieder in gleicher Weise erscheint; und zwar die erste (Anapher) die n-te (Epipher) oder die erste und die n-te (Complexio).

Schema: A, B, ...n, A, B2, ...n2, A, B3, ...n3, ...(Anapher)
A, B, ...n, A2, B2, ...n, A3, B3, ...n, ...(Epipher)
A, B, ...n, A, B2, ...n, A, B3, ...n, ...(Complexio).

Natürlich können auch mehrere Einstellungen, also Teile von Syntagmen wiederholt werden.

Die Parallelmontage wird vorwiegend zur Spannungssteigerung bei Western, Kriminal- und Horrorfilmen eingesetzt.

B. *Chiasmus* – Beim Chiasmus wird eine Einstellung, z. B. Kamerafahrt, beliebig oft unterbrochen durch eine andere Einstellung gleicher Technik.

Schema: A = a1 ⟶ an
B = b1 ⟶ bn

Chiasmus a1, b1, a2, b2, a3, b3 ... an

Chiasmus wird eingesetzt, um verschiedene Objekte untereinander in Beziehung zu bringen.

II. Montagefiguren durch Verkopplung nicht hinreichend bedeutungstragender Einstellungen.

A. *Distinctio* (Kuleschow-Effekt). – Beim Kuleschow-Effekt wird die eigentliche Bedeutung einer mehrdeutigen Einstellung durch das Hinzufügen der nächsten Einstellung deutlich.

Schema: A + B

B. *Klimax.* – Bei der Klimax wird die in der ersten Einstellung vermittelte Aussage mit jeder folgenden Einstellung verstärkt.

Schema: A < B < C ...

III. Montagefiguren durch Änderung der Kameraordinaten.

A. *Polyptoton.* – Beim Polyptoton wird der Ablauf einer Handlung aufgegliedert in eine Abfolge von Einstellungen mit unterschiedlicher Kameraperspektive, Einstellungsgröße u. a.

Schema: A → B → C ...

B. *Anastrophe* – Bei der Anastrophe wird nach einer Einstellungsfolge mit bestimmten Kameraordinaten, wie Handlungsachse, Einstellungsgröße u. a., gewechselt zu einer Einstellungsfolge mit anderen Kameraordinaten.

Schema: A, B, C, D, ... /A', B', C', D' ...

IV. Montage durch raum-zeitliche Diskontinuität.

A. *Ellipse* – Die Ellipse gilt als die typischste Montageform des Films überhaupt. Durch sie wird ein zeitlicher Ablauf reduziert auf zwei Einstellungen. Die erste Einstellung zeigt den Beginn, die zweite das Ende des Geschehens. Beide Einstellungen sind unterschieden durch Zwischenschaltung einer neutralen Einstellung (Interpolation), Ausblendung o. ä.

Schema: A (   ) B.

B. *Enumeratio* – Bei der Enumeratio wird eine Überblick gebende Einstellung (Weit, Totale, Halbtotale) ergänzt durch eine Anzahl von Ausschnitt-Einstellungen (nah, groß, Detail), die die erste Einstellung nochmals vollständig oder aber teilweise wiedergeben; der Zeitablauf wird bei dieser Montage unterbrochen.
Schema: A, a1, a2, a3, ...

V. Montagefiguren durch inhaltliche Substitution.

A. *Synonymie.* – Bei der Synonymie wird bei gleichen Kameraordinaten der Bildinhalt gegen einen anderen dem gleichen Gegenstandsfeld entstammenden ausgetauscht.
Schema: A', B', C' ...

Diese Montageform wird zumeist als „Gag" benutzt; deshalb findet sie intensive Verwendung in Slapsticks und Komödien. Aus diesem Grunde wird sie wegen der Sehgewohnheiten, die beim Zuschauer entstanden sind, kaum in anderen Genres benutzt. Sie ist aber ebenso in allen anderen Filmgenres zu finden und anzuwenden und gehört zu den typischen Montageformen des klassischen Films.

B. *Annominatio.* – Die Annominatio wird oft auch als assoziative Montage bezeichnet. Von der Technik her gesehen ist sie die einfachste der vorgestellten Montagefiguren. Durch Schnitt oder Überblendung getrennt werden beliebige Einstellungen verschiedenen Inhalts gekoppelt.

Allein die Wirkung der aufeinanderfolgenden Bildinhalte läßt diese bedeutungsmäßig in Verbindung treten. Ein besonderer Effekt wird erzielt, wenn dies bei mehreren Einstellungen gleicher Länge hintereinander geschieht. Dabei ist der Eindruck um so stärker, je kürzer die Einstellungen sind. Allerdings ist bei extrem kurzen Einstellungen die inhaltliche Vermittlung der Einzeleinstellung gering. Dies kann aber unter Umständen zugunsten des Gesamteindrucks entbehrlich sein.
Schema: A, B, C, D, ...

In besonders intensivem Maße wurde und wird diese Montagefigur im Agitationsfilm verwendet, aber auch im Kriminalfilm bestimmter Regisseure kommt sie intensiv zum Einsatz.

Die vorgestellte Terminologie bietet gegenüber anderen den Vorteil, daß sie auch auf die anderen bedeutungsbildenden Elemente des Films angewendet werden kann – auf den Kommentar oder Dialog, auf die Musik und auf die Geräusche. Am relevantesten ist für die Filmanalyse jedoch die Anwendung auf der Bildebene[48].

C. *Das Syntagma* (Bildbeispiele für die Syntagmen auf den Seiten 69–72)

Wie bereits erwähnt ist es nicht einfach, generell eine Beschreibung für das Syntagma eines Films zu geben. Im einfachsten Fall besteht ein Syntagma aus einer einzigen Einstellung, auch Plansequenz genannt, im anderen Fall aus einer beliebig großen Zahl von Einstellungen. Nimmt man die einzige Einstellung als eine Sonderform, so ergeben sich mit ihr acht mögliche Formen, aus Einstellungen filmische Syntagmen zu bilden[49].

I. *autonome Einstellung*

Neben der erwähnten Plansequenz gibt es noch die Möglichkeit, in eine längere Einstellung eine andere einzublenden (Interpolation).

II. *paralleles Syntagma*

Zwei unabhängige Ereignisse werden abwechselnd in Einstellungen aufgeteilt aneinandergereiht; es wird eine Beziehung der Inhalte zueinander vermittelt.

III. *klammerndes Syntagma*

Einstellungen unterschiedlichen Inhalts werden durch gleichgeordnete Kombination in Zusammenhang gebracht.

IV. *descriptives Syntagma*

Die montierten Einstellungen zeigen keine zeitliche Abfolge der Handlung, sondern eine räumliche Gleichzeitigkeit.

V. *alternierendes Syntagma*

Die Einstellungen zu zwei Handlungsabläufen werden so hintereinander montiert, daß der Eindruck der Gleichzeitigkeit entsteht.

VI. *Szene*

Es wurde darauf hingewiesen, daß es sich dabei, vergleichbar mit der Szene beim Theater, um eine Montage von Einstellungen handelt, die durch die Einheit von Ort und Zeit bestimmt sind.

VII. *Sequenz*

Die Sequenz ist die gebräuchlichste Form durch Auswahl bestimmter Einstellungen aus einer Handlungskontinuität, die Filmzeit erheblich gegenüber der Realzeit zu kürzen.

VIII. *Episoden*

Aufeinanderfolge von kurzen Einstellungsfolgen ohne direkten Zusammenhang, die mit einer Interpolation (Blende, Schriftenblendung, etc.) voneinander getrennt werden.

Parallelmontage
In ‚Ein Florentinerhut' zeigt Rene Clair die Angstvisionen der Hauptfigur. Zu Beginn jeder neuen Einstellung wird die Naheinstellung der Hauptfigur als Anapher montiert.

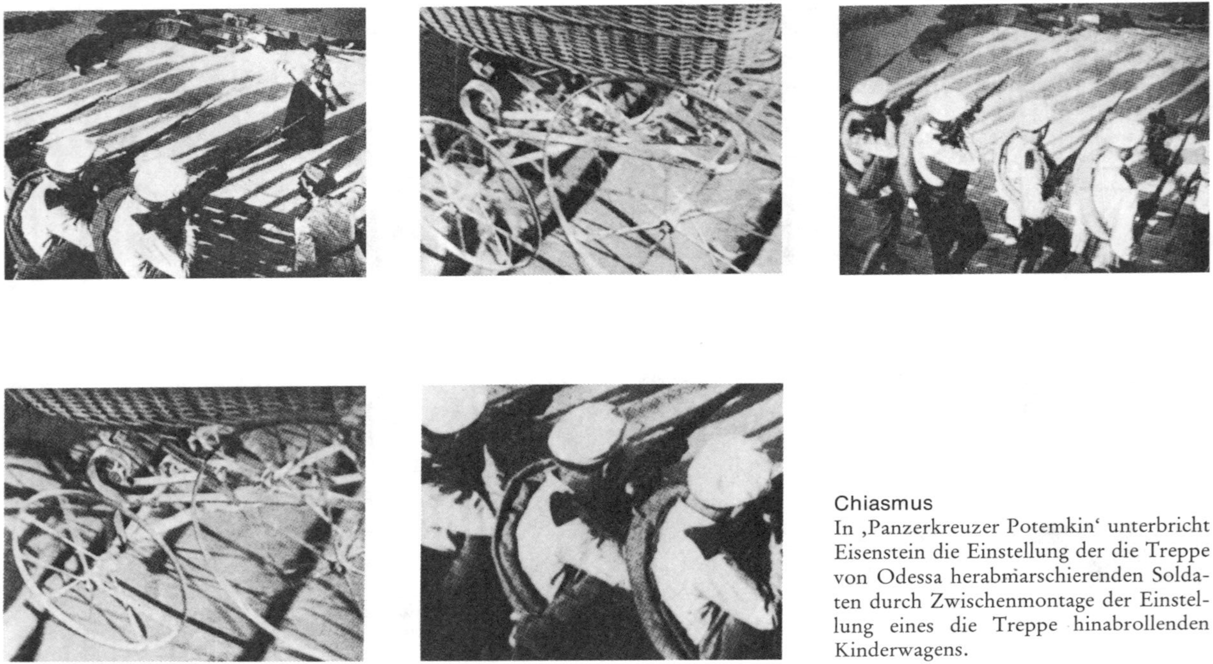

Chiasmus
In ‚Panzerkreuzer Potemkin' unterbricht Eisenstein die Einstellung der die Treppe von Odessa herabmarschierenden Soldaten durch Zwischenmontage der Einstellung eines die Treppe hinabrollenden Kinderwagens.

Distinctio

In ‚Der Start' montiert Skolimowski das Segment über die Auseinandersetzung der Hauptfigur mit einem Karambolagegegner aus vier Einstellungen. Die erste zeigt in Naheinstellung die Streitenden, die zweite in Halbnaheinstellung einen interessiert dem Geschehen folgenden Autofahrer, die dritte ebenfalls in Halbnah wieder die Streitenden, hinter denen eigentümlich unproportional ein Auto sichtbar wird, die vierte eine Totale des Geschehens. Erst jetzt merkt der Zuschauer, daß es sich bei der zweiten Einstellung nicht um Autofahrer handelt, die die Straße passieren, sondern um ein Plakat einer Autofirma hinter dem Geschehen.

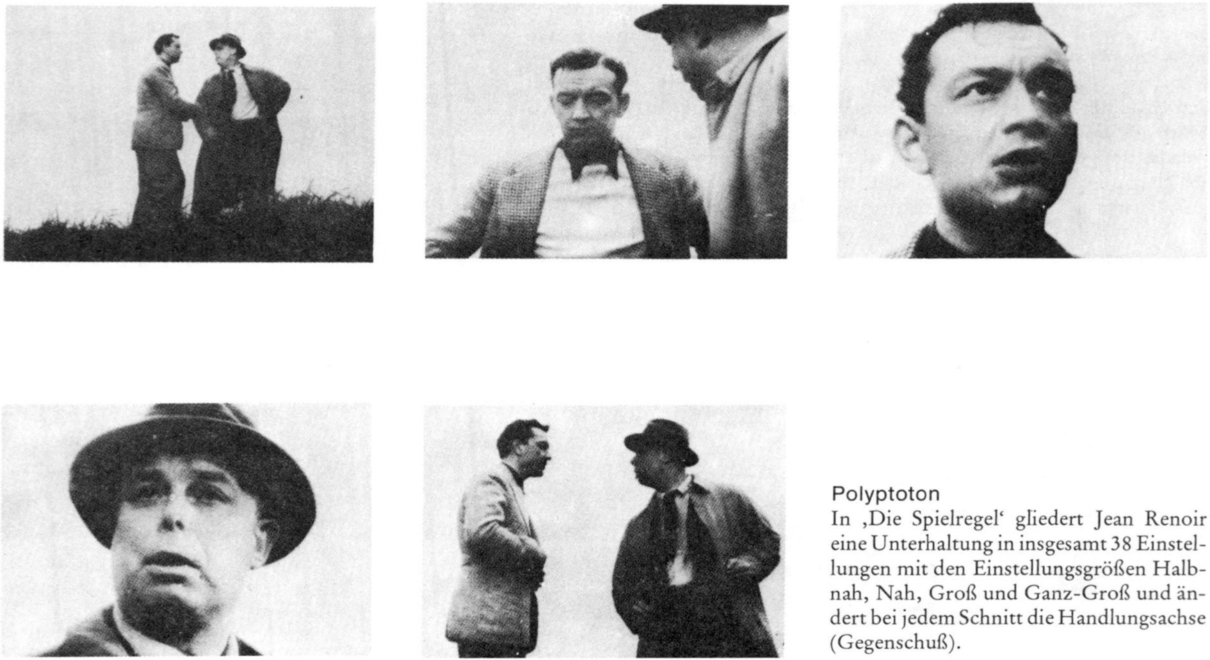

Polyptoton
In ‚Die Spielregel' gliedert Jean Renoir eine Unterhaltung in insgesamt 38 Einstellungen mit den Einstellungsgrößen Halbnah, Nah, Groß und Ganz-Groß und ändert bei jedem Schnitt die Handlungsachse (Gegenschuß).

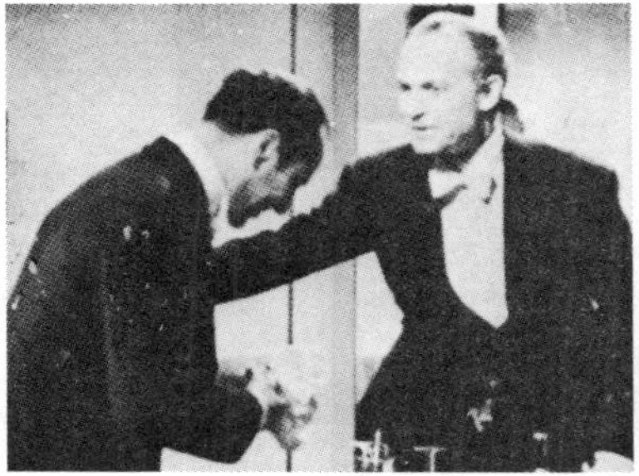
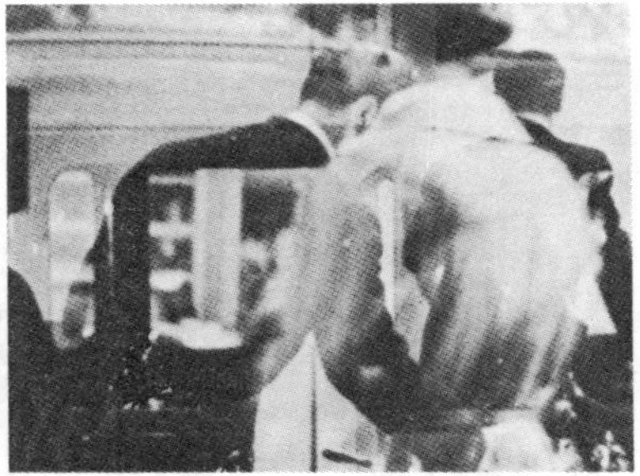

Ellipse

In ,Ninotchka' zeigt Lubitsch die hektische Fahrt zu einem Haus, das in einem Gespräch genannt wurde dadurch, daß er zweimal überblendet (Gespräch, Überblendung: Gespräch/Warten auf ein Taxi, Anweisung an den Fahrer, Überblendung: Ausstieg aus dem Taxi/Hausnummer, Hausnummer, ...)

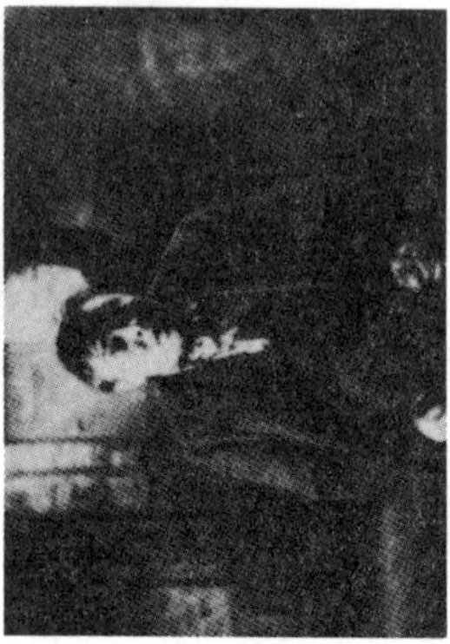

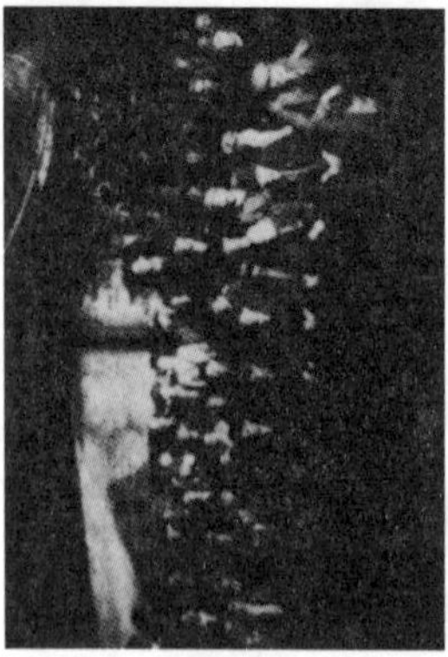

Klimax

In ‚M – eine Stadt sucht einen Mörder' von Fritz Lang steht der Kindesmörder zum Schluß vor einem Gericht der Bettlerorganisation. In zehn Einstellungen zeigt Lang im Wechsel den Hauptdarsteller und seine Ankläger vom Betreten des Kellers bis zu seinem Fluchtversuch. Dabei wird mit jedem Schnitt die Eindringlichkeit des Geschehens stärker, als der Chef des Syndikats die Bilder der ermordeten Mädchen zeigt und diese mit jedem Mal mehr das Bild füllen (Nah – Groß – Ganz-Groß).

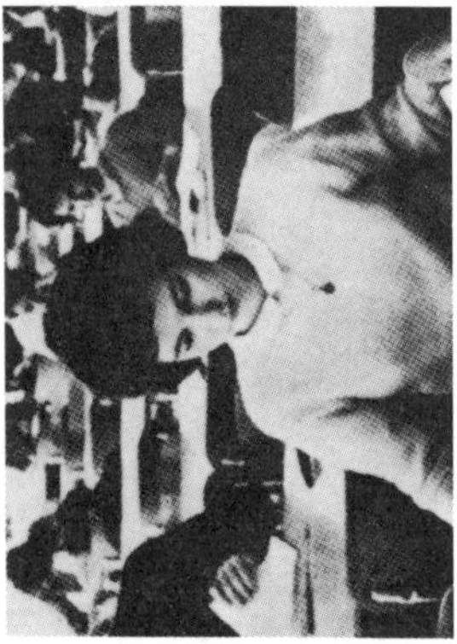

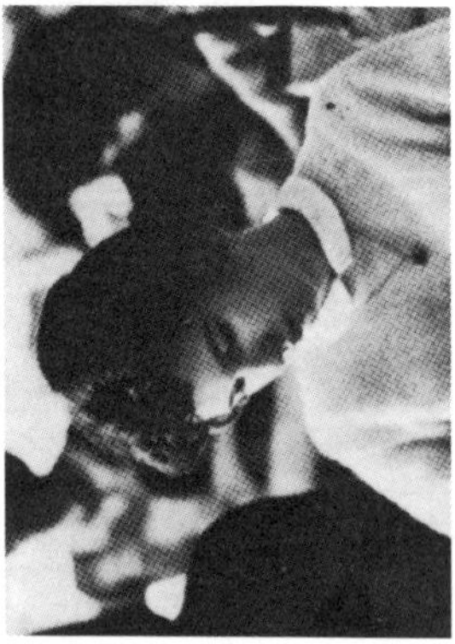

Anastrophe
In ‚Ein grauroter Morgen' wird der Ablauf einer Prüfungsarbeit in einer Einstellungsfolge dargestellt, bei der eine Reihe von Einstellungen in einer bestimmten Kameraperspektive interpliert werden mit den Einstellungen auf eine Uhr (Zoom: Totale-Nah, Uhr: Groß, Nah-Unterperspektive, Uhr: Ganz-Groß, Detail, Uhr: Detail, Totale).

Enumeratio
In ‚Früchte des Zorns' zeigt Ford die Konfrontation der verfeindeten Nachbarn. In einer Halbtotalen gibt er einen Überblick über das Geschehen und zeigt dann in mehreren Halbnah Einstellungen einzelne Teilaspekte.

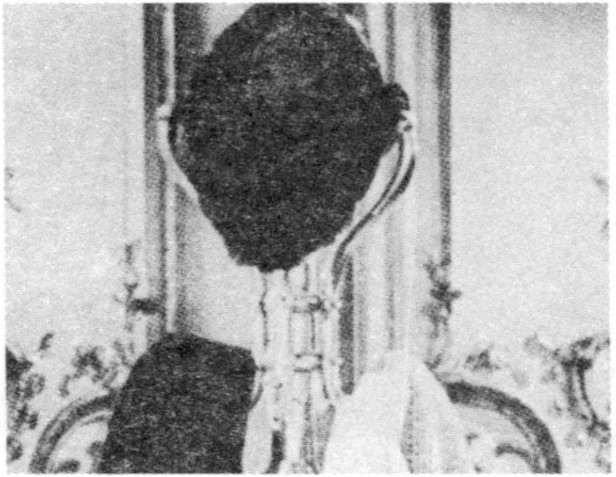

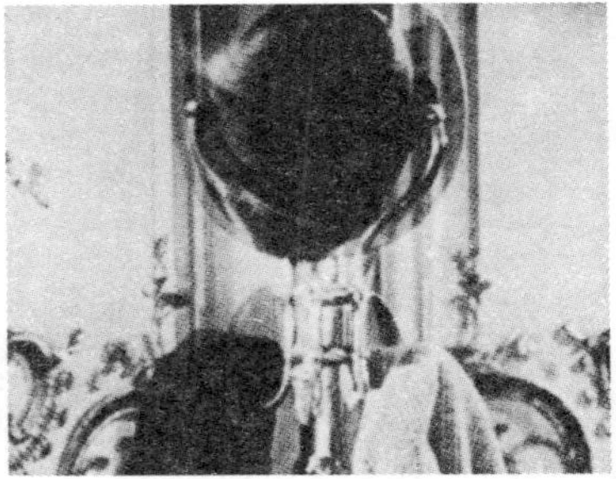

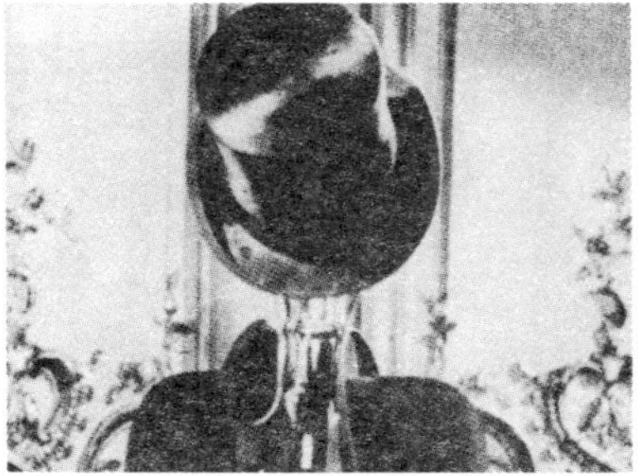

Synonymie

In ‚Ninotchka' zeigt Lubitch die Integration der drei russischen Geheimdienstler in das Pariser Gesellschaftsleben dadurch, daß er die drei in ihren Pelzmützen vorstellt, in der nächsten Einstellung die Pelzmützen an einer Garderobe hängend zeigt, in der folgenden Einstellung die Mützen in Zylinderhüte überblendend, in einer weiteren Einstellung die Zylinderhüte auf der Garderobe zeigt und in der abschließenden Einstellung die drei Russen mit den neuen Kopfbedeckungen vorstellt.

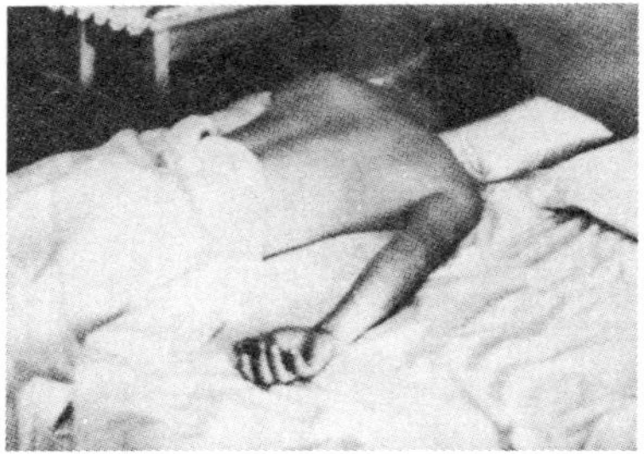

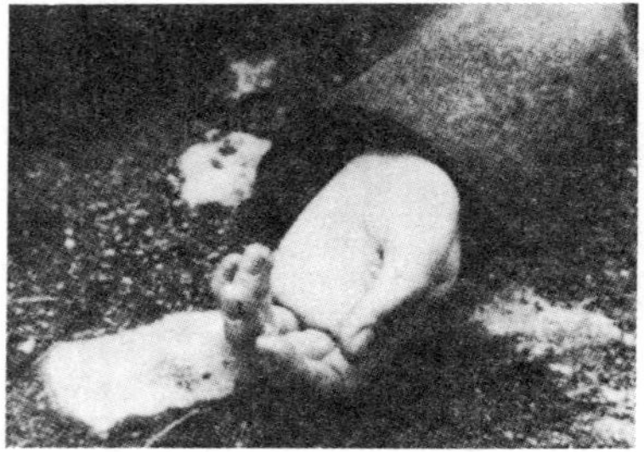

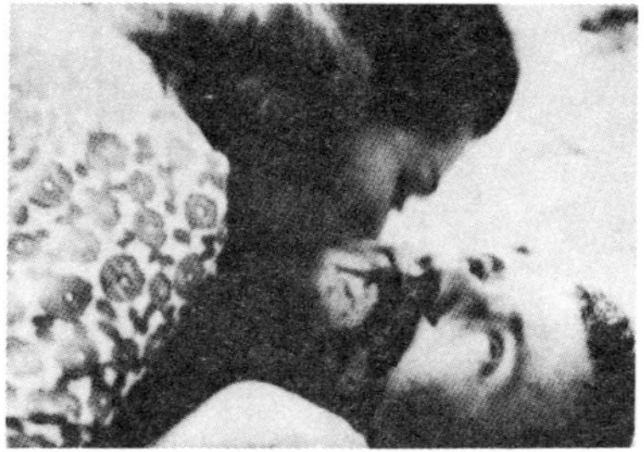

Annominatio

In ‚Hiroshima mon amour' von Resnais erlebt die Hauptperson eine neue Bekanntschaft. Im Hotel sieht sie ihn beim Betreten des Zimmers auf dem Bett liegen. Die Stellung der Hand erinnert sie an die Handstellung des deutschen Soldaten, den sie liebte und den sie in der gleichen Stellung liegend tot auffand.

Resnais schneidet die Filmbilder, wie die Gedanken der Frau sich entwickeln, aneinander. Die Gegenwart geht in die Erinnerung über.

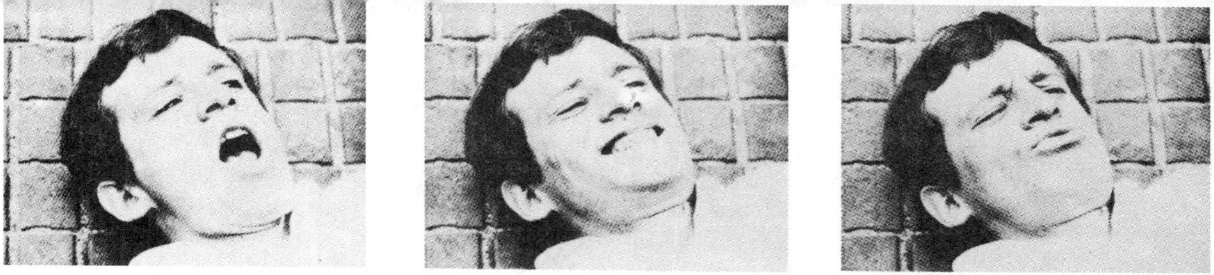

1 Autonomes Syntagma

In ‚Außer Atem' zeigt Godard den Todeskampf der Hauptfigur in einer einzigen langen Einstellung (Groß). Erst ganz am Schluß werden die Umstehenden sichtbar.

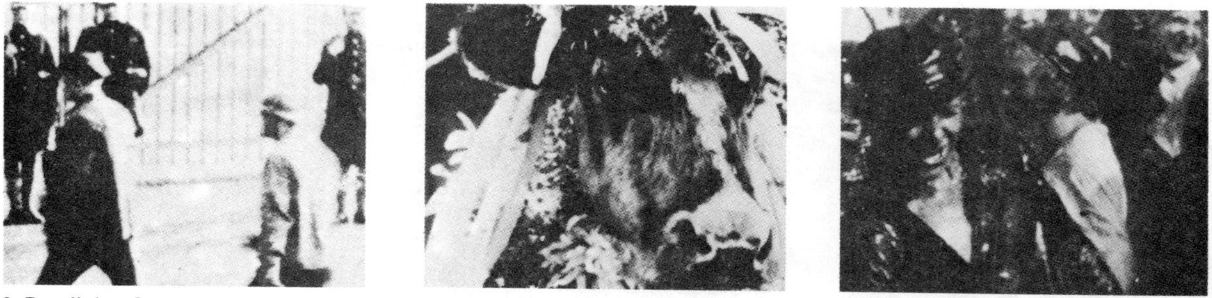

2 Paralleles Syntagma

In ‚Streik' schneidet Eisenstein parallel zu der Exekution der revoltierenden Arbeiter Einstellungen vom Schlachten von Rindern im Schlachthof.

3 Klammerndes Syntagma

In ‚Panzerkreuzer Potemkin' werden die Einstellungen der Hinrichtung der Meuterer eingerahmt von Einstellungen der Machtsymbole von Staat und Kirche.

4 Descriptives Syntagma

In ‚Die Passion der Jean d'Arc' zeigt Dreyer bei der Urteilsverkündung in Großaufnahme die Reaktion der Beteiligten. Der Handlungsablauf wird in dieser Zeit unterbrochen.

5 Alternierendes Syntagma

In ‚12 Uhr mittags' montiert Zinnemann alternierend zur Ankunft des Zuges und den Einstellungen auf die wartenden Gangster den einsamen Weg des Sheriffs durch das menschenleere Dorf.

6 Szene

In ‚Brennpunkt Brooklin' zeigt Friedkin eine Verfolgungsjagd über eine S-Bahn-Brücke.

7 Sequenz

In ‚Der dritte Mann' versucht Orson Welles aus dem Labyrinth der Wiener Kanalisation seinen Verfolgern zu entkommen. daß er einen Kanaldeckel aufhebt. Die Kamera zeigt seine Kraftanstrengung, seine Verfolger und dann von außen seine hilflose Geste durch das Gitter des Kanaldeckels.

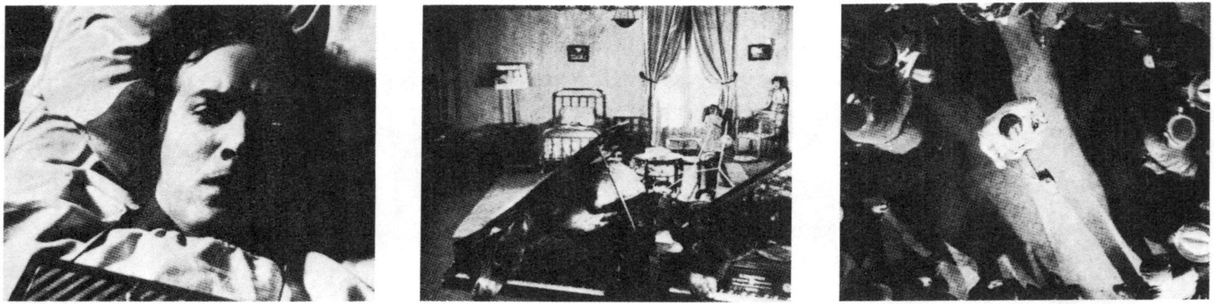

8 Episoden

In ‚Der andalusische Hund' erzählt Bunuel keine Geschichte, sondern reiht verschiedene Episoden aneinander.

3.2 Das Medium Film

3.2.1 Das filmische Kommunikationsfeld

In den bisherigen Erläuterungen zu den Konstituenten des Films ist auf den Mediencharakter nicht eingegangen worden. Wie jedes andere Medium ist der Film ein System von Zeichen der Informationsübermittlung, das eingefügt ist in ein Kommunikationsfeld.

Für die Filmanalyse bedeutet dies, daß neben der Untersuchung des filmischen Codes auch die Untersuchung der Elemente des Kommunikationsfeldes zu stehen hat. In diesem Zusammenhang wird das Schwergewicht fast immer auf der Analyse der Elemente der Kommunikatorseite liegen.

Dabei lassen sich etwa zehn Bereiche abgrenzen, die für die Fragestellung der Analyse von jeweils unterschiedlicher Relevanz sind:

a) zur Person des Regisseurs
   oder auch des Buchautors, des Komponisten, etc.
b) zur Entwicklung der Filmindustrie im Produktionsland
c) zur politischen Situation des Produktionslandes
d) zur Zeit der Produktion
e) ggf. zur Entwicklung einer bestimmten Filmschule
f) zur Distributionssituation des Produktionslandes
g) zum Stellenwert des Films in der Weltproduktion
h) zu den spezifischen Produktionsbedingungen des Films
i) zur Einsatzplanung für den Film
j) zur Beeinflussung von weiteren Produktionen durch die Rezeption des Films

Eine weitergehende Analyse wird sich natürlich auch mit den Elementen auf der Rezeptionsseite des Kommunikationsfeldes zu beschäftigen haben. Allerdings ist dabei zu bedenken, daß annähernd relevante Aussagen nur über die Rezeptionsbedingungen bei der Analyserezeption getroffen werden können.

Andererseits sind natürlich Ansätze möglich, die etwa die Rezeptionsbedingungen zur Zeit der Entstehung des Films betreffen oder auch zu einer bestimmten Zeit, zu der spezifische Wirkungen bei bestimmten Zuschauern untersucht werden sollen.

3.2.2 Der filmische Kommunikationsprozeß

Filmische Kommunikationsprozesse gehören in nahezu allen Fällen zur sogenannten Einweg-Kommunikation. Eine aktive Beteiligung des Zuschauers (feed back) an dieser Kommunikation ist nicht möglich. Hinzu kommt, daß sich der Kommunikator meistens an ein disperses Publikum wendet, d. h. ihm ist weder bekannt, wer seinen Film sieht, noch in welcher Situation er gesehen wird. Die Situation bei der Filmanalyse ist insofern eine außergewöhnliche, als die Rezeption des Films bereits unter dem Gesichtspunkt der genauen Untersuchung geschieht, damit verändert sich auch der Kommunikationsprozeß, denn die Vermittlungsabsicht des Kommunikators ist ja nicht, daß sein Film Analysegegenstand ist.

Für die Analyse des Kommunikationsprozesses können wieder die Elemente des Kommunikationsfeldes untersucht werden:

Kommunikator

a) Wird die Vermittlungsabsicht des Kommunikators deutlich?

b) Wird eine Zielgruppenspezifizierung sichtbar?

c) Wird die Haltung des Kommunikators zum Rezipienten erkennbar?

Medium

a) Werden im Film Sehgewohnheiten berücksichtigt?

b) Werden im Film Handlungsklischees angewandt?

c) Werden die Aussagen des Films mit manipulativen Mitteln erreicht?

Rezipient

a) Wird die Rezeptionsmotivation durch Elemente des Films gesteuert?

b) Wird die Wirkung des Films durch spezifische Elemente erzeugt?

c) Wird die Erwartungshaltung des Rezipienten befriedigt?[50]

Der filmische Kommunikationsprozeß ist weitgehend davon abhängig, mit welcher Haltung sich der Rezipient ihm unterzieht und wie seine Erwartungen und Sehgewohnheiten konstruiert sind. Ein Film der für den einen Rezipienten eine Fülle von Eindrücken und Informationen hinterläßt, kann für einen anderen Rezipienten konfus und langweilig wirken. Oder ein Film wirkt auf einen Rezipienten brutal und abstoßend, während ein anderer ihn amüsant und entspannend findet.

So ist in der Filmanalyse der filmische Kommunikationsprozeß nur unzulänglich erfaßbar. Trotzdem sollte er in die analytischen Überlegungen jeweils mit einbezogen werden, weil er schließlich das Zeichensystem Film erst zum Medium werden läßt.

4. Die Typen der Filmanalyse

Die Erfassung der einzelnen Elemente des Feldes der filmischen Kommunikation durch die einzelnen Analysemethoden

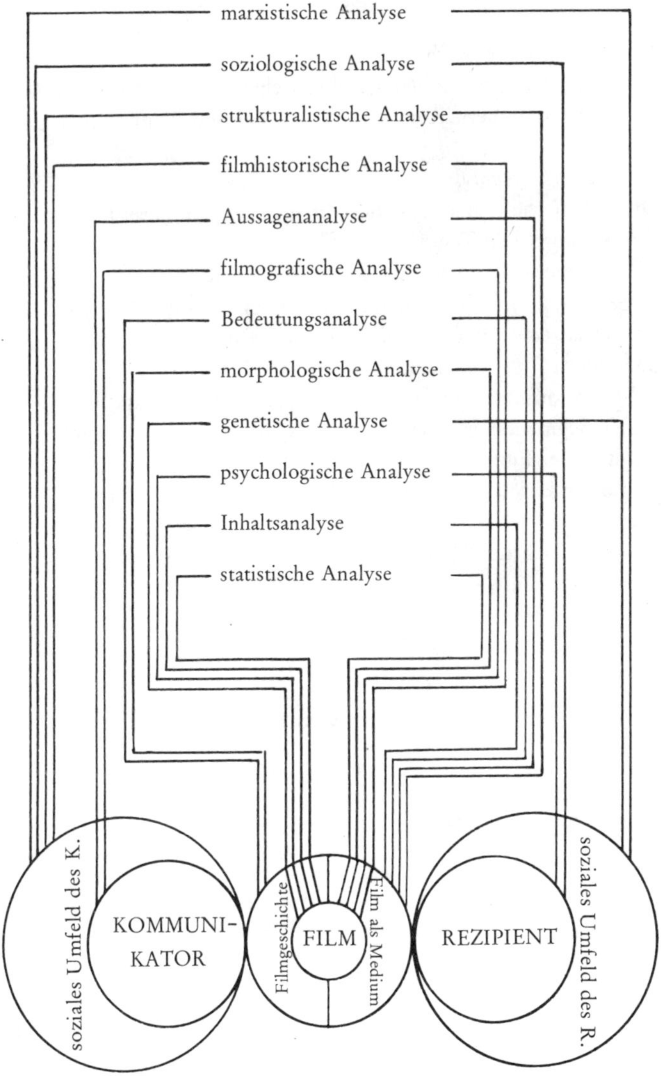

4.1 Die achronen Methoden

Die achronen Methoden der Filmanalyse lassen Zeitbezüge der Produktions- und Rezeptionssituation außer acht und beziehen sich nur auf faktisch dem Medium Immanentes.

4.1.1 Descriptive Methoden

Die descriptiven Methoden beziehen sich ausschließlich auf das Medium und klammern Kommunikationsfeld und Kommunikationsprozeß aus.

a) Statistische Analyse

Die statistische Filmanalyse besteht aus einem numerischen und einem semiotischen Teil.

Im numerischen Teil werden die einzelnen Segmente des Films aufgelistet, z. B. Teile, Abschnitte, Syntagmen, Einstellungen. Dieses Verfahren ist in der frühen Filmanalyse der fünfziger Jahre auch „Sequenzanalyse" genannt worden.

Im semiotischen Teil wird untersucht, welche Aussage in den einzelnen Segmenten gemacht wurde. Es ergibt sich daraus ein Strukturgitter des Films, d. h. es wird deutlich, wie die filmische Argumentation verläuft oder, spezifischer für den Spielfilm ausgedrückt, wie die Story konstruiert ist.

Dieser auch für Ungeübte mögliche Typ der Filmanalyse ist sicherlich der am wenigsten filmspezifische, da er die kennzeichnenden Elemente des Mediums nur ansatzweise untersucht[51].

Beispiel:

Das nachfolgende Beispiel zeigt den ersten Schritt einer descriptiven Analyse.

Es handelt sich um eine Auflistung sekundärer und tertiärer Syntagmen des Films ‚*Spiel mir das Lied vom Tod*'.

Die sekundären Syntagmen (Szenen) sind durchnumeriert gekennzeichnet, die tertiären Syntagmen (Handlungssegmente) sind durch zusammenfassende Längenangaben in Minuten erfaßt.

Eine solche Description wird ‚Storyboard' genannt. Sie soll lediglich den Handlungsverlauf des Films wiedergeben; das Gerüst der ‚Story' sichtbar machen.

Das ‚Storyboard' macht in diesem Falle deutlich, daß es sich dabei nicht um eine Inhaltsangabe handelt – wer den Film nicht kennt, wird mit den Angaben wenig anfangen können, – sondern um eine grobe zeitbezogene Auflistung.

Die nächsten Stufen sind bei der ausführlichen Analyse in Anschluß an den theoretischen Teil ausgeführt.

Die Erstellung einer solchen Übersicht ist nützlich, wenn kein Drehbuch oder Skript zum jeweiligen Film vorliegt.

Sie kann leicht während der normalen Ansicht eines Films erfolgen; allerdings ist es hilfreich, wenn man den Film zum zweiten Male sieht. Eine normale Uhr reicht zur groben Festlegung der Zeit aus.

In diesem Falle ist es zum Beispiel für die Analyse des Films wichtig, das ‚Storyboard' zu haben, weil die dramaturgische Position der drei berühmten Einblendungen daran überprüft werden kann.

‚Spiel mir das Lied vom Tod' (One upon a time in the West).

01 Am Bahnhof warten drei Killer auf den Zug.

02 Der Zug kommt, fährt weiter, ein Mann steht auf dem Bahnsteig, Mundharmonika spielend. Nach einem Wortwechsel erschießt er die drei.

01-02: 15'

03 McBain und sein Sohn auf der Jagd.

04 Auf McBains Farm wird die Hochzeitstafel gedeckt. Der Sohn wird zum Bahnhof geschickt.

05 McBain, Tochter und älterer Sohn werden aus dem Gebüsch erschossen.

06 Frank erschießt den jüngsten Sohn.

03-06: 15'

07 Jill trifft mit dem Zug ein.

08 Fahrt mit der Postkutsche.

09 Jill trifft im Saloon auf Mundharmonika.

10 Cheyenne trifft auf Mundharmonika.

11 Fahrt durch das Monument Valley.

07-11: 20'

12 Ankunft auf der Farm.

13 Beerdigung.

12-13: 10'

14 Jill durchsucht das Haus.

14: 5'

15 Mundharmonika will einen Helfer Franks zum Reden zwingen.

15: 5'

16 Jill findet Holzmodelle für eine Station.

17 Mundharmonika stört Jill.

18 Cheyenne kommt auf der Flucht zur Farm.

16-18: 10'

19 Morton wirft Frank die Ermordung McBains vor.

19: 5'

20 Cheyenne spricht mit Jill.

20: 5'

21 Mundharmonika erschießt Franks Leute, die Jill umbringen sollten.

21: 5'

22 Jill trifft im Saloon auf Franks Leute.

22: 5'

23 Mundharmonika belauscht Morton und Frank vom Dach des Salonwagens.

1. E i n b l e n d u n g

24 Mundharmonika wird von Frank gestellt.

25 Frank erschießt einen seiner Leute, der ihn vor Cheyenne warnen will.

26 Mundharmonika und Frank.

27 Cheyenne befreit Mundharmonika.

23-27: 20'

28 Jill besichtigt das Baulager.

29 Frank erpreßt Jill.

28-29: 10'

30 Frank und Morton am Bau.

31 Mundharmonika und Cheyenne auf dem Baulager.

32 Frank und Jill auf der Farm.

30-32: 10'

33 Versteigerung der Farm.

34 Morton besticht Franks Leute.

35 Mundharmonika kauft die Farm.

33-35: 10'

36 Cheyenne am Bahnhof.
37 Mundharmonika und Jill.
38 Mundharmonika und Frank.
2. E i n b l e n d u n g
39 Anschlag auf Frank.
36-39: 10'
40 Morton stirbt.
40: 5'
41 Cheyenne und Jill.
42 Mundharmonika und Frank.
3. E i n b l e n d u n g
43 Mundharmonika verläßt die Farm.
41-43: 10'
44 Cheyenne stirbt.
45 Einweihung der Station.
45: 1'

E N D E

b) Inhaltsanalyse

Die filmische Inhaltsanalyse (Content Analysis) ist komplizierter als die textliche Inhaltsanalyse, weil grundsätzlich alle Konstituenten des Films berücksichtigt werden müssen. Sie ist eine Analysemethode, die sich, bezogen auf das filmische Kommunikationsfeld, lediglich auf die verschiedenen Aspekte des Mediums, nicht aber auf den Kommunikator und den Rezipienten erstreckt. Filmische Inhaltsanalyse kann sowohl an einem einzelnen Film als auch an einer Anzahl von Filmen unter vergleichendem Gesichtspunkt erfolgen.

Untersuchungskriterien sind bei den ausgewählten Filmen wiederkehrende thematische Elemente, Darstellungstopoi oder Gestaltungsklischees (rekurrente Elemente). Die filmische Inhaltsanalyse kann sowohl als induktive wie auch als deduktive Methode Anwendung finden, d. h. entweder kann bei einer größeren Zahl von Filmen generell untersucht werden, welche rekurrenten Elemente vorhanden sind – daraus läßt sich dann eine Hypothese über den Grund der Rekurrenz erstellen – oder aber ausgehend von einer Hypothese über bestimmte Rekurrenzerscheinungen werden einzelne Filme untersucht und nach Abschluß der Untersuchung wird die Hypothese verifiziert oder falsifiziert. Die filmische Inhaltsanalyse[52] ist eine Methode, die bei präziser Anwendung umfangreiche Erkenntnisse über bestimmte filmische Entwicklungsprozesse und mediale Strukturen zuläßt; dafür bedarf es aber nicht nur fundierter Kenntnisse über den filmischen Code, sondern auch über die Relevanz der descriptiv aufbereiteten Daten und die Probleme der Messung und Validität. Für nicht geübte Anwender bietet die Inhaltsanalyse aber eine wichtige Vorstufe zu anderen Methoden, auch wenn ihre Ergebnisskala nicht voll ausgenutzt werden kann[53].

Beispiel:

a) induktive Anwendungsweise
Bei der Analyse von Science-Fiction- und Horrorfilmen stellt sich heraus, daß in der Zeit zwischen 1952 und 1954 in den USA eine große Reihe von Filmen entstanden, bei denen ein Ungeheuer außerirdischer Art die Erde oder eine große Anzahl von Menschen bedroht.

(‚The thing from an other world', ‚The war of the worlds', ‚The beast from 20000 fathoms', ‚It came from outer space', ‚Formicula', ‚Tarantula', ‚The day the world ended', usw.)

Insgesamt waren es in den drei Jahren rund 30 Filme, in denen durch die Experimente irgendwelcher Wissenschaftler oder das Eindringen von Lebewesen ferner Planeten die Menschheit in höchste Gefahr gerät.

Während in ähnlichen Filmen der früheren und späteren Jahre die Vernichtung der Ungeheuer durch einzelne heldenhafte Menschen, die Anwendung irgendwelcher magischer Mittel oder das Eintreffen unerwarteter glücklicher Umstände geschieht, kann das Unheil in diesen Filmen nur durch das Eingreifen des Militärs und den Einsatz modernster Waffensysteme abgewendet werden.

Aus der Entwicklung der Genres heraus oder der Konstruktion der Storys gibt es keine Begründung für diese Tatsache. Das durch die vergleichende Analyse gewonnene Faktum kann nur dadurch erklärt werden, daß der manifeste Inhalt des Films den manifesten Inhalten anderer Medien der gleichen Produktionszeit gegenübergestellt wird.

Es kann dann festgestellt werden, daß in der gleichen Zeit in der Presse der USA eine engagierte Diskussion über die militärischen Operationen im Koreakrieg geführt wurde. Es gab darin heftige Angriffe gegen das Vorgehen der Army und die Entwicklung neuer Waffensysteme und deren erbarmungslosen Einsatz. Der Filminhalt ist also möglicherweise eine versteckte Propaganda für den Einsatz des Militärs bei Bedrohung von außen.

b) deduktive Anwendungsweise, z.B. Das Bild der Frau im Film
Man kann die Hypothese aufstellen, daß in Spielfilmen verschiedener historischer Zeitabschnitte das Bild der Frau spezifisch aufgebaut und vermittelt wurde.

Eine Untersuchung der Frauengestalten in den unterschiedlichsten Filmen der jeweiligen Zeit läßt verschiedene Frauentypen hervortreten, so etwa
1910–1920 der standhafte Typ, z.B. *Hintertreppe;*
1915–1925 der morbide Typ, z.B. *Madame Dubarry;*
1920–1930 der mondäne Typ, z.B. *Sunset Boulevard;*
1925–1935 der infantile Typ (Flapper), z.B. *Tagebuch einer Verlorenen;*
1930–1940 der Vamp, z.B. *Der blaue Engel;*
1935–1945 der Kamerad, z.B. *Kolberg.*

4.1.2 Reduktive Methoden

Die reduktiven Methoden beziehen sich auf bestimmte Einzelkonstituenten des Films.

a) Morphologische Analyse
Die morphologische Methode der Filmanalyse untersucht die Morpheme (die kleinsten bedeutungstragenden Elemente) des Films, also die Einstellungen.

Mit ihrer Hilfe werden *Einstellungstopoi* (immer wiederkehrende Einstellungstypen) geordnet und durch die Untersuchung von Verknüpfung und Integration der Einstellung im Syntagma Bedeutungsraster gefunden. Dabei wird jedem Morphem eine Aussage oder eine Wirkung zugeordnet (z.B. Einsamkeit-Spannung). Die Morphologie untersucht dabei entweder isolierte Konstituenten (Bild) oder komplexe Konstituenten (Bild-Tonkombination).

In diesem Typ der Filmanalyse wird die Handlungsebene des Films auf einer ersten Stufe ausgeklammert. Vielmehr ist die Aufgabe der morphologischen Analyse, 1. eine Morphematik zu erstellen, d.h. bestimmten Konstituenten eine Bedeutung zuzuordnen, und 2. ihre narrative Funktion zu bestimmen, d.h. zu untersuchen, inwieweit sie Handlungselemente durch ihre Aussage oder Wirkung duplizieren (Trivialbeispiele bestimmter Filmgenres lassen dies deutlich werden; ein Kanon spezifischer Morpheme soll immer die gleiche Wirkung erzeugen, je trivialer der Film, je größer die Häufung dieser Topoi – das soll aber nicht heißen, daß die Interdependenz von Handlungsebene und filmischem Code problematisiert werden soll; ganz im Gegenteil werden die Filmkunstwerke gerade nach der narrativen Funktion ihrer Morphematik bewertet). Eine morphologische Analyse ist am einfachsten bei geläufigen Genres (Western, Kriegsfilm, Horrorfilm) durchzuführen, weil hier die Topoi bekannt und deshalb leicht aufzufinden sind.

Die morphologische Analyse braucht sich nicht nur auf die kleinsten bedeutungstragenden Einheiten des Films beziehen, sondern kann auch größere oder nebengeordnete Konstituenten, wie Syntagmen oder Montageformen, in die Untersuchung einbeziehen[54].

Beispiel:

In den Jahren 1924–1928 dreht der russische Regisseur SERGEJ M. EISENSTEIN die Filme ‚*Streik*', ‚*Panzerkreuzer Potemkin*' und ‚*Oktober*'.

Diese Filme bieten die wohl interessanteste Möglichkeit, mittels der dort angewandten Montagetechnik einen Typus von filmischen Morphemen sichtbar zu machen. (Die Filme sind ausschnittweise zitiert in der Reihe Filmstil und Filmtechnik (6 Folgen mit je 30 Minuten) von Ulrich Gregor).

Eisenstein hat in seinen Stummfilmen weitestgehend auf die sonst üblichen Zwischentitel oder Dialogeinblendungen verzichtet und sämtliche Aussagen und Kommentare durch Montage seines Bildmaterials erzielt.

Eine der berühmtesten Montagen der Filmgeschichte ist in der Sequenz der Hafentreppe von Odessa zu finden. Auf dem Panzerkreuzer ‚Potemkin' revoltieren die Soldaten gegen Unterdrückung und Ausbeutung. Die Einwohner von Odessa schließen sich der Revolte an. Der Aufstand wird von zaristischen Truppen blutig beendet.

Auf der Freitreppe des Hafens von Odessa kommt es zur Konfrontation von Bevölkerung und zaristischem Militär. In einer Parallelmontage zeigt Eisenstein die Annäherung. In Hunderten von einzeln montierten Einstellungen wird die ‚schrittweise' Vernichtung der Zivilbevölkerung auf der Treppe sichtbar (Einstellung: Frau mit Brille – folgende Einstellung: Gewehr im Anschlag – folgende Einstellung: Frau mit zerbrochener Brille und blutendem Auge).

Unmittelbar auf diese Sequenz folgt die Interpolation einer Einstellungsfolge montiert aus drei Einzelaufnahmen von drei Löwenstatuen. Durch die Montage scheint es, als erhebe sich der Löwe – Sinnbild für den Aufstand.

Ähnlich geht Eisenstein in ‚Streik' vor.

In seinem dritten Revolutionsfilm ‚Oktober', der den Ablauf der Oktoberrevolution von 1917 schildert, wendet Eisenstein nach der akzentuierenden Montage von ‚Panzerkreuzer Potemkin' und der kommentierenden Montage von ‚Streik' noch stärker eine kontrastierende Montage an:

Einige Einstellungen, die das Auftreten Kerenskis zeigen, werden montiert mit Einstellungen von kleinen Porzellanfiguren von Napoleon. (Dazu: Werner Sudendorf u. a. S. M. Eisenstein – Materialien zu Leben und Werk, München 1975; Drehbuch und Protokoll zu ‚Oktober' in Film 6 und 7/1968, Velber 1968).

b) Wirkungsgenetische Analyse

Die wirkungsgenetische Filmanalyse befaßt sich mit der wahrnehmungspsychologischen Komponente bei der filmischen Codierung. Das Ansehen von Filmen geschieht nicht in einem medial neutralen Umfeld, sondern ist geprägt von bestimmten Sehgewohnheiten. Das bedingt, daß bestimmte filmische Elemente ganz bestimmte Wirkungen beim Rezipienten haben. Die Gesamtwirkung eines Films entsteht durch die geplante Genese einer großen Zahl solcher filmischen Elemente. Dabei hat sich bei einigen eine bestimmte Wirkung durch ihre historische Entwicklung in der Geschichte des Films gebildet, bei anderen entsteht die Wirkung aus unmittelbar psychischen Momenten. Die wirkungsgenetische Analyse untersucht nun, wie sich bestimmte Wirkungsabsichten durch den filmischen Code realisieren lassen.

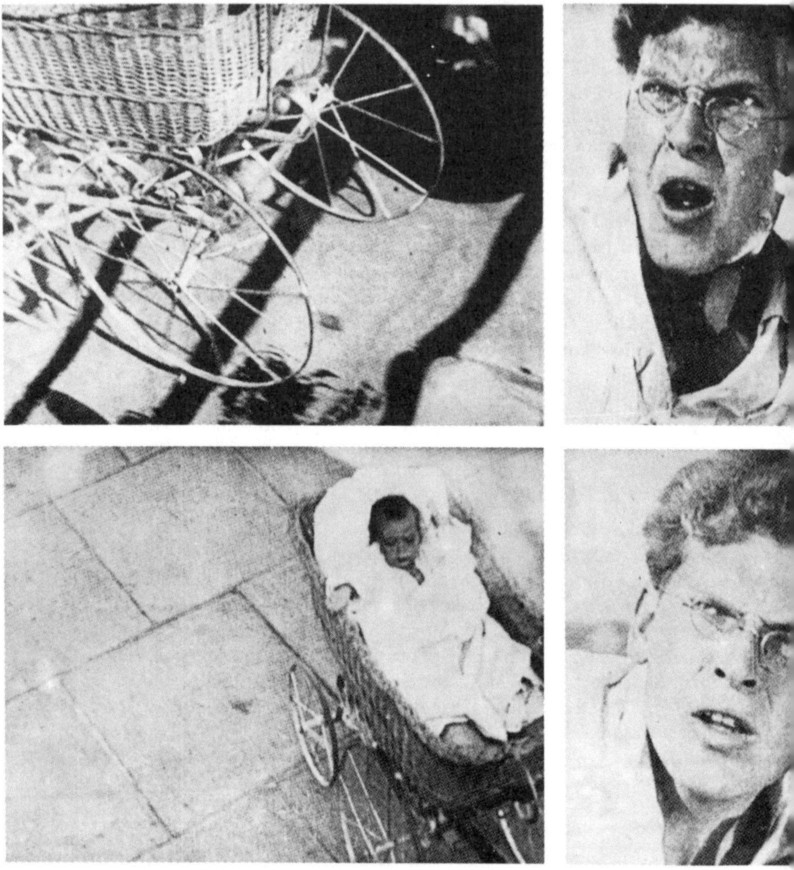

Die Einstellungen der letzten 25 Sekunden der Sequenz ‚Auf der Freitreppe zum

Hafen von Odessa' aus „Panzerkreuzer Potemkin" von Eisenstein.

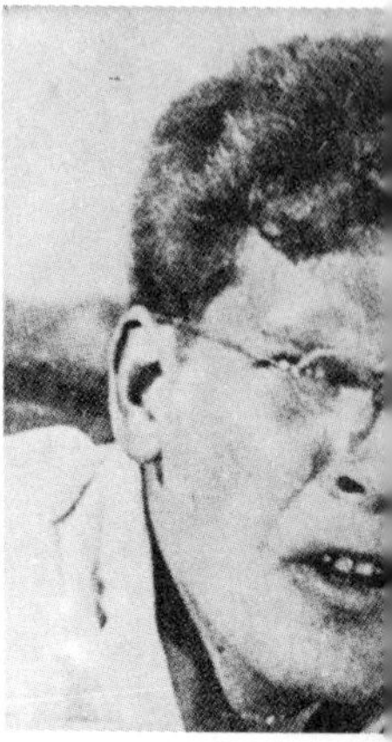
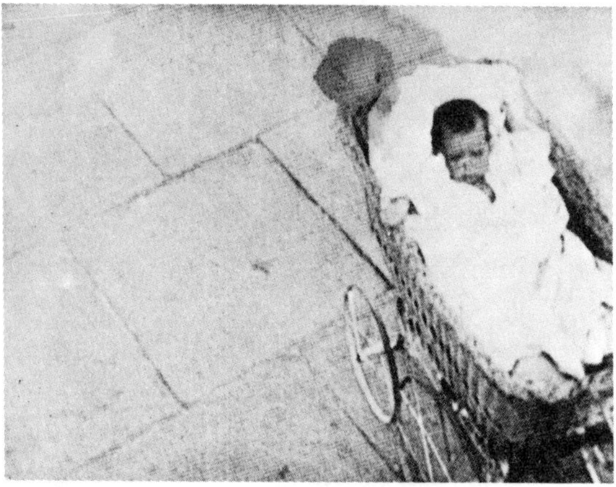
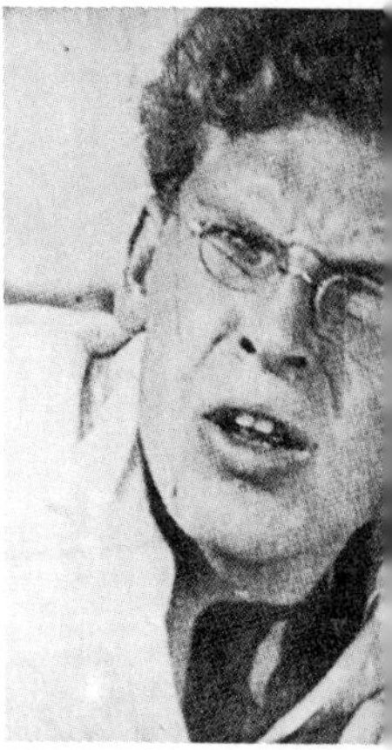

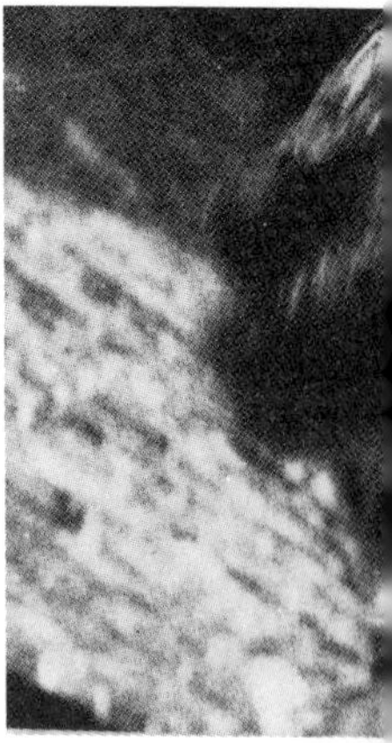

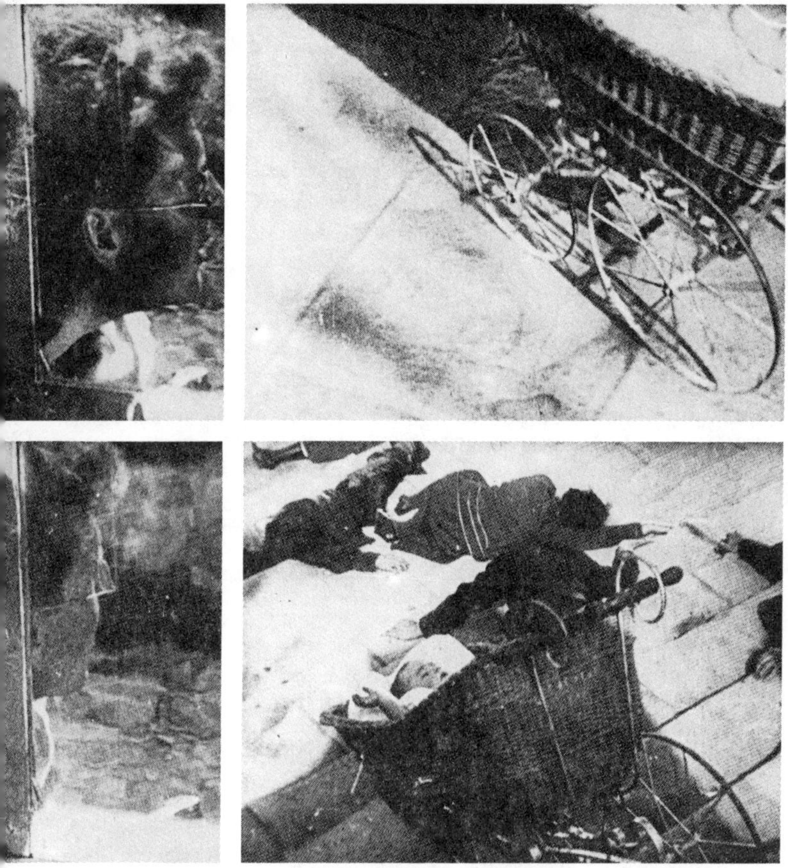

Der Zweck ihrer Anwendung liegt darin, die Entstehung und Entwicklung des filmischen Codes und die Wirkung seiner Elemente zu einem bestimmten Zeitpunkt zu konstatieren. Ein erster Schritt zur Anwendung dieser Methode ist die Frage: Wie wirkt der Film bei der Rezeption? und: Wie kommt diese Wirkung zustande? Ein nächster Schritt ist dann, die Genese der Wirkungselemente zu untersuchen und sie unter Umständen als Wirkungsklischee zu kategorisieren[55].

Beispiel:

Die Erzählung ,*The Pit and the Pendulum*' von Edgar Allan Poe ist in den sechziger Jahren zweimal verfilmt worden: 1961 in den USA von ROGER CORMAN und 1967 in der BRD von HARALD REINL.

Die Analyse der beiden Filme ist insofern interessant, als dadurch deutlich wird, wie der Einsatz filmischer Mittel die Wirkung eines Films verändert.

Poes Erzählung besteht aus der Reflexion eines Gefangenen, der einen grauenvollen Tod vor Augen hat.

Bei Corman wird die Handlung durch das Ineinandergehen von Wirklichkeit und den Visionen eines Wahnsinnigen strukturiert. Bei Reinl wird das Motiv zu einem Horrorfilm mit allen Figuren und Klischees des Genres aufgebaut.

Reinls Film ist ohne Zweifel mit unheimlichen und grauenvollen Szenen angehäuft. Trotzdem wirkt der Film belustigend.

In Cormans Film treten keinerlei Gestalten des Horrorgenres auf. Trotzdem wirkt der gesamte Film beklemmend und spannend. Corman ist es gelungen, unbedeutende Motive und Situationen, wie den Weg durch die Gänge eines gotischen Gebäudes oder die Einstellung auf einen Leuchter so auszuleuchten und aufzunehmen, daß diese Gegenstände geheimnisvoll wirken. Gerade die Alltäglichkeit der Requisiten und die Beschränkung auf das Auftreten von gewöhnlichen Menschen ist es, die den Zuschauer unmittelbar psychisch ansprechen und in ihm Angstgefühle erzeugen.

Die massierte Demonstration von Horrorelementen in Reinls Film ist ein typisches Beispiel dafür, wie in der Entwicklung eines Genres durch die Perfektionierung von Effekten und Topoi ursprüngliche Wirkungselemente verloren gehen.

Noch heute wirkt dagegen der erste Horrorfilm von Friedrich Wilhelm Murnau ,Nosferatu', in dem der Vampir Graf Dracula sein Leinwanddebüt hat, beklemmend. Die Einfachheit der angewandten Mittel und die geschickte Ausnutzung von Überraschungsmomenten erzeugen diese Wirkung.

Erst Roman Polanski ist es in ,Rosemaries Baby' gelungen, durch den Rückgriff auf einfache Mittel der Spannungserzeugung, wie sie etwa auch bei Hitchcock angewandt werden, die unmittelbare eigene Erlebnissphäre des einzelnen Zuschauers zu berühren. Eine genetische Untersuchung von Horrorfilmen zeigt, daß die Wirkung um so geringer ist, je zahlreicher die Topoi des Genres angewandt werden und je aufwendiger Effekte konstruiert sind. Aus neuester amerikanischer Produktion wären hier die beiden Filme ‚Der weiße Hai‘ auf der einen und ‚Der Exorzist‘ auf der anderen Seite zu vergleichen.

4.2 Die synchronen Methoden

Die synchronen Methoden der Filmanalyse untersuchen den filmischen Kommunikationsprozeß. Sie klammern dabei alle historischen Aspekte aus.

4.2.1 Induktive Methoden

Die induktiven Methoden haben die Aufgabe, aus der Kenntnis mehrerer Einzelbereiche Ansätze zur Untersuchung der Vermittlungsweise des Films zu bilden[56].

a) Filmografische Analyse

Die filmografische Analyse untersucht den einzelnen Film unter Hinzunahme aller anderen Filme (oder einer repräsentativen Auswahl) eines Regisseurs (Kameramannes, Drehbuchautors, Komponisten, Darstellers, usw.) oder auch einer Filmschule (Gruppe, Cooperative, Bewegung, etc.).

Ebenso sind vergleichende Analysen, etwa der Früh- und Spätwerke zweier aus bestimmten Gründen vergleichbarer Regisseure, möglich.

Auch Untersuchungen etwa zum Entstehen eines Starkultes lassen sich nur mit filmografischen Methoden sinnvoll durchführen, haben aber als Ergebnis unter Umständen differenzierte Aussagen über gesellschaftliche Prozesse und die Steuerungsmechanismen der Filmindustrie.

Filmografische Analysen erfordern zwar keine differenzierten methodischen Kenntnisse, sind aber in bezug auf die Beschaffung von Filmmaterial und biografischen Daten sehr aufwendig.

Beispiel:

Unter dem Oberbegriff ‚Kino und Gesellschaft – Europäischer Symbolismus der sechziger Jahre‘ läßt sich eine thematische Verwandtschaft verschiedener europäischer Regisseure feststellen.

Stellt man z. B. bestimmte Themen zusammen (etwa: Morbidität der Gesellschaft, Neurose) wird man feststellen können, daß die Regisseure verschiedener Länder (Schweden, Italien, Frankreich) diese Themen in der für sie spezifischen filmischen Eigenart behandeln, so daß sich aus einer solchen Untersuchung eine einigermaßen präzise Beschreibung der filmischen Darstellungsweise eines bestimmten Regisseurs ableiten läßt. Verglichen werden können den Themen z. B. folgende Filme:

BERGMANN ,*Das siebente Siegel*'
PASOLINI ,*Edipo Re – Das Bett der Gewalt*'
BRESSON ,*Zum Beispiel Balthasar*'
BERGMANN ,*Der Ritus*'S'
CHABROL ,Das Biest muß sterben'
ANTONIONI ,*Die rote Wüste*'
BERGMANN ,*Das Lächeln einer Sommernacht*'
PASOLINI ,*Teorema*'
BRESSON ,*Vier Nächte eines Träumers*'
BERGMANN ,*Das Schweigen*'
CHABROL ,*Der Schlachter*'
ANTONIONI ,*Liebe 62*'
BERGMANN ,*Licht im Winter*
PASOLINI ,*Das erste Evangelium*'
BRESSON ,*Tagebuch eines Landpfarrers*'

Die genauere Untersuchung von darstellerischen und gestalterischen Elementen wird ergeben, daß die pauschalen Zusammenfassungen ,Nouvelle Vague' und ,Neoverismus' recht wenig über die charakteristischen Formen der Themenbehandlung aussagen.

Eine Kategorisierung wird ergeben, daß die gestalterischen Elemente Dekor, Beleuchtung, Kameraführung, Schnitt und Musik bei Ingmar Bergmann, Pierre Paolo Pasolini und Robert Bresson nahezu identisch sind und als symbolistisch bezeichnet werden könnten, während sie bei Michelangelo Antonioni stark von Bergmann unterschieden sind und als expressionistisch bezeichnet werden könnten, und daß der Franzose Claude Chabrol wiederum andere gestalterische Mittel benutzt, die man mit impressionistisch umschreiben könnte.

Bei allen fünf Regisseuren ist jedoch die Art der filmischen Darstellung der jeweiligen Themen verwandt.

Normale filmografische Analyse mit einfachen Mitteln wird nur einen Regisseur oder Regisseure eines Produktionslandes zur Untersuchung heranziehen.

Möglichkeit und Problematik einer umfassenderen Anwendung wird sichtbar in der Begriffsbildung ,Expressionistischer Film' für den deutschen Film der zwanziger Jahre.

b) Soziologische Analyse

Die soziologische Analyse ist bezogen auf das filmische Kommunikationsfeld.

Der Film wird als Ware angesehen, die von einem Produzenten angeboten und von den Rezipienten gekauft wird. Unter diesem Gesichtspunkt ist für die soziologische Filmanalyse eine umfangreiche Kenntnis sozialer Faktoren aus der Produktionszeit des Films notwendig. Dazu gehören Informationen über die Produktionsbedingungen von Filmen, den Status der Filmindustrie (staatlich, privat, öffentlich-rechtlich, usw.), die wirtschaftlichen Bedingungen der Produktion (Produktionsförderung, Monopole, internationale Verflechtungen usw.), die inhaltlichen Reglementierungen (Zensur, Drehbuchprämien, Einsatzprämien, usw.) Information über die Distributionsbedingungen von Filmen, das Vertriebssystem (Produzenten, Verleihe, Kinoorganisationen, usw.) das Veröffentlichungsverfahren (kommerzielle Spielstellen, nichtkommerzielle Spielstellen, Fernsehen, usw.) die Vermarktung (Werbung, Freigaben, Eintrittspreise usw.) und Information über die Rezeptionsbedingungen von Filmen, die Medienstruktur (Medienangebot, Medieninhalte, Medienkultur usw.), die Mediennutzung (Zusammensetzung des Rezipientenkreises, Stellenwert von Medien im Freizeitverhalten, finanzieller Aufwand für Mediennutzung), die Konsumtion von Medien (Motivation zur Mediennutzung, Medienwirkung, gesellschaftliche Bedeutung der Rezeption, usw.). Eine soziologische Filmanalyse kann unter diesem Aspekt das Medium selbst unter Umständen nur sehr oberflächlich behandeln und dabei Gefahr laufen, nicht mehr Analyse eines Films, sondern Analyse von Filmen (trivialen Charakters z. B.) schlechthin zu werden. Eine präzise durchgeführte soziologische Filmanalyse bietet aber eine Fülle von Ansatzmöglichkeiten, die auch in differenzierte Untersuchungen zu gestalterischen und inhaltlichen Aspekten auslaufen können, man denke etwa an die Analyse der Wirkung von Requisiten und Kleidung im Film auf Modeentwicklungen, den Stellenwert von Personality-Filmen für die Pop-Musik, die Rituale in Rockerfilmen und ihre Imitation durch Jugendliche.

Soziologische Filmanalyse umfaßt alle Relationen zwischen sämtlichen Elementen des filmischen Kommunikationsfeldes[57].

Beispiel:

Der Film ‚Django – Nur der Colt war sein Freund' wird 1960 von der italienischen Produktionsfirma Fida Cinematografica hergestellt; der Vertrieb für die Bundesrepublik wird vom Constantin-Verleih übernommen.

Im Jahre 1964 begann der italienische Regisseur Leone mit ‚Für eine Handvoll Dollar' das Genre des Italowestern aufzubauen.

Die Inhalte dieser Filme unterscheiden sich von den klassischen amerikanischen Western dadurch, daß in ihnen nicht mehr positive Werte das Gerüst der Handlung bestimmen, wie Treue, Mut, Recht, Gerechtigkeit, Sühne, usw., sondern negative Werte, wie Korruption, käufliches Killertum, Prostitution, Opportunismus, Geldgier, usw.

Insofern zeigen die Filme ein verfremdetes und transformiertes Spiegelbild der kapitalistischen Gesellschaft.

1966 entsteht der Film ‚*Django*' von SERGIO CORBUCCI (Der Titel wurde aus Verehrung für den Gitaristen Django Reinhardt ausgewählt). In ihm ist Django ein Geldgieriger und gewissenloser Killer.

Die ungewohnte Brutalität vermischt mit sarkastischem Humor machen diesen Film zu einem ungewöhnlichen Kassenerfolg.

Zwischen 1966 und 1970 entstehen mehr als vierzig Django-Filme von verschiedensten Regisseuren, die nur noch durch die Originalität ihrer Titel werbewirksam sind. So zum Beispiel:

Django – Den Colt an der Kehle
Django – Die Bibel ist kein Kartenspiel
Django – Die Geier stehen Schlange
Django – Ein Sarg voll Blut
Django – Gott vergib seinem Colt
Django – Kreuze im blutigen Sand
Django – Melodie in Blei
Django – sein Gesangbuch war der Colt
Django – spricht kein Vaterunser
Django – wo steht Dein Sarg?

Von diesen vierzig Filmen haben nur noch fünf im Originaltitel den Namen Django.

In der Bundesrepublik ist er jedoch zum Markenzeichen geworden.

Die Figur des Django ist in den späteren Filmen gemäß der psychologischen Funktion des Kinos zum positiven Helden geworden, der zwar mit äußerster Brutalität, aber mit einem tiefen Sinn für Gerechtigkeit Rache für ein irgendjemandem angetanes Unrecht sühnt.

Der Zuschauer erlebt den Vollzug der gewalttätigen Rache stellvertretend für eigene Unterdrückung und Erniedrigung. Der Dreck der Django-Filmkulissen läßt ihn trotz seiner Bedeutungslosigkeit im realen Leben die vertraute und sichere Umgebung seines Hauses und Arbeitsplatzes vorziehen. Das harte Geschäft mit der Rache überläßt er lieber den Kinohelden.

Der Constantin-Verleih vermarktet den Film entsprechend. Der Name Django steht zu dieser Zeit schon stellvertretend für ein ganzes Genre, das komplette Handlungsgerüst; dies wird bei den Lesern der Werbung als bekannt vorausgesetzt. Es geht darum, durch ein Zusammenspiel von Innovation und Redundanz bei der Textankündigung die Neugierde des zu werbenden Zuschauers zu erzeugen.

Dabei macht die Ankündigung im Werberatschlag deutlich, daß vorwiegend ein jugendliches Publikum anvisiert wird. Das Druckklischee zeigt

Django in einer Schußstellung, die ihn als professionellen Pistolenschützen ausweist. Damit wird er als Identifikationsfigur für eine Gruppe von Zuschauern verkauft, deren Lebensziel die Möglichkeit ist, sich mit Gewalt gegen andere durchsetzen zu können.

Aus einem Werberatschlag des Constantin-Verleihs:

Sehr geehrter Herr Theaterleiter!

Auch uns fällt es manchmal verdammt schwer, uns zu jedem Wildwest-Film etwas Neues einfallen zu lassen. Und manches Mal sind wir versucht, die schon gehabte Schlagzeile noch einmal durch den Wolf zu drehen.

Nicht schwer ist es uns gefallen, uns für diesen neuen Western

Django -
Nur der Colt war sein Freund

etwas Neues einfallen zu lassen. Zugegeben, auch bei diesem Film: Story, Tempo, gute Darsteller, rasante Fotografie usw. usw. — wie gehabt. Bestens! Was diesen Western aber auszeichnet, und was wir Ihnen in die Werbewiege legen möchten, ist seine Frechheit, seine Modernität, seine kesse Sprache, sein knalliges Vergnügen, das er verbreitet, sein Ton, der genau den Ton unseres, Ihres Western-Publikums trifft. Und deshalb: dieses junge Publikum einmal anders ansprechen!

Erzählen Sie ihm doch nicht zum hundertsten Male, daß es einen Western zu sehen bekommt, der es „von den Sitzen reißt" und „auf den Kinosessel fesselt". Schauen Sie Ihren Fans einmal aufs Maul und sprechen Sie bei Ihrer Werbung einmal ihren Slang!

Vielleicht helfen Ihnen unsere Schlagzeilen zu ein paar neuen, unorthodoxen Gedanken.

Mit vielen Wünschen für gutes Geschäft!
Ihre

Constantin-Film

Schlagzeilen

Dieser Western macht müde Männer mobil
und ihre Frauen munter

Ein Klasse-Western – knallhart – pulvertrocken – bleigeladen

Ein toller Western – auf allen Plätzen „sehr empfehlenswert"

Frech, keß, knallig – ein richtiges „shoot in"

Seien Sie kein Western-Muffel –
Loben Sie nicht den von gestern, bis Sie diesen gesehen haben

Gestern verlangte unser Publikum: „Weiterschießen"!
Wir bedauern: der Film ist und bleibt .... Meter lang.
Aber wir verlängern in die 2. Woche
(oder: wir spielen ihn noch länger, bis Dienstag, Donnerstag).

Ein Western wie eine kalte Dusche: herzhaft und erfrischend

Wenn Sie sich diesen Western ansehen,
tränken wir inzwischen Ihr Pferd

4.2.2 Interpretative Methoden

Die interpretativen Methoden der Filmanalyse beziehen sich auf die Wirkung, die psychische Reaktion, die die Filmrezeption beim Zuschauer hervorruft.

a) Psychologische Analyse

Die psychologische Filmanalyse (auch ‚Existentialanalyse' genannt) ist bezogen auf die Wirkung, die der Film beim Rezipienten hinterläßt. Sie versucht die Assoziationen und Impressionen festzuhalten, die die filmische Bilder- und Tonfolge erzeugt und die die kurz- und langfristigen Empfindungen des Rezipienten steuern.

Streng genommen müßte eine solche Analyse für jeden Rezipienten aufgrund einer Befragung zu seinen Gefühlen beim und nach dem Ansehen des Films erfolgen, weil unzählige Faktoren, wie Rezeptionssituation, Gewöhnung an bestimmte Darstellungsweisen, spezifische Selektion, etc. eine große Rolle spielen. Andererseits kann davon ausgegangen werden, daß viele filmische evozierte Eindrücke intersubjektiv sind.

In der psychologischen Filmanalyse gibt es fünf grundlegende Fragestellungen:

1. die Analyse der Wahrnehmung filmischer Gestaltungsmomente (Grad an Bewußtheit bei der Wahrnehmung von Schnittfolgen, Musikuntermalung, Geräuschen, etc.) 2. die Analyse von Einstellungsmodifikationen (Maß an Veränderung oder Verstärkung von Vorurteilen, von politischen Standpunkten, von künstlerischem Geschmack, etc.), 3. die Analyse von Verhaltensmodifikationen (Art der Veränderung von Habitus [Kleidung, Gestik, usw.], Interaktion [Sprachstil, Kommunikationsformen, Konfliktverhalten, usw.] Handlungsweisen [Imitationshandeln, Gruppenorientierung, Rollenverhalten, usw.], etc.) 4. die Analyse von Einflüssen in der Bewußtseinsstruktur (Maß an Identifikation mit Personen oder Handlungselementen, Maß an Nachvollziehung des Filmgeschehens, Maß an Reflexion und Kommunikationsbedürfnis etc.), 5. die Analyse von Einflüssen im Unterbewußtsein (Empfindung von Angst oder Freuden, von Spannung oder Entspannung, von Interesse oder Langeweile, usw. – Erzeugung von Betroffenheit oder Gleichgültigkeit, von Neugierde oder Ermüdung, von Erregung oder Ekel, usw. – Vermittlung von Euphorie oder Depression, von Befriedigung oder Frustration, von Beruhigung oder Aggression, usw.).

Beispiel:

Der Film ,*Easy Rider*' wurde 1969 in den USA produziert. Der Produzent ist ein relativ kleines Unternehmen. Der Verleih wird vom drittgrößten amerikanischen Konzern Warner-Columbia übernommen.

Durch den Einsatz massiver Werbung (Posters mit Filmbildern, Schallplatte mit Filmmusik) wurde der Film äußerst schnell populär und zu einem unvermuteten Kassenerfolg.

,Easy Rider' schildert die Erlebnisse zweier Haschisch-Dealer bei einer Motorradfahrt durch die USA.

Die Handlung wird in Episoden erzählt, die durch Fahrten durch die Landschaft mit intensiver Musikuntermalung mit Stücken von ,Steppenwolf', ,The Birds', ,Jimmy Hendrix Experience', etc.) begleitet werden.

Eine Hippiekommune, eine Militärparade, ein Gefängnis, eine Kleinstadt mit faschistoiden Bewohnern und ein Bordell sind Stationen der Fahrt. Am Ende des Films werden beide erschossen.

Die Gesamtgestaltung des Films ist auf stark emotionale Wirkung abgestimmt. Sowohl die Farben, die Landschaft, die ständige Kamerabewegung und vor allem die Musik bewirken, daß das Gefühl von Freiheitsdrang und Rauscherleben der Protagonisten auf den Zuschauer übertragen wird.

Die ständigen Angriffe, denen die Protagonisten während ihrer Reise ausgesetzt sind, machen sie zu Identifikationsfiguren für den Zuschauer.

Der Film dient zur Bekräftigung von Einstellungen, die bei der Zielgruppe bereits durch die Gesamtheit der Popkultur vermittelt sind.

Eine kritische Analyse des Gesellschaftsbildes der Protagonisten bleibt aus.

Der Film ist in seiner gesamten Szenerie aufgebaut aus Requisiten einer amerikanischen Subkultur. Die Kleidung, die Chopper, die Aufkleber, usw. bilden eine spezifische pseudoindividuelle Mode, die nicht mehr klassenspezifisch, sondern generationsspezifisch ist.

Der Film ist in seiner Rezeptionsorientierung insgesamt als unreflektierter Werbespot für die unterschiedlichsten Elemente einer gut vermarkteten Subkultur zu verstehen. Seine gesellschaftskritischen Elemente bleiben irrelevant.

b) Aussagenanalyse

Die filmische Aussagenanalyse umfaßt alle drei Elemente des filmischen Kommunikationsfeldes, den Kommunikator, den Rezipienten und das Medium. Untersucht wird, ob aus den Elementen des Mediums Aussagen über die Einstellung des Rezipienten gemacht werden können[58].

Die Aussagenanalyse ist eine recht komplizierte Methode, wenn man das ganze theoretische Instrumentarium ihrer amerikanischen Anwendungsform (Contingency Analysis, Symbol Analysis, Evaluative Assertion Analysis und General Inquirer Program) beherrschen will. Für den Zweck einfacher Filmanalyse ist es jedoch ausreichend, die Vermittlungsintention des Kommunikators anhand von hinreichend signifikanten Belegen aus dem Medium zu untersuchen. Dies wird sich in den meisten Fällen so vollziehen, daß alle Elemente des Medium, die symptomatischen oder appellativen Charakter haben, d.h. entweder Rückschlüsse auf die Einstellung des Kommunikators zulassen oder direkt auf Einstellungsbildung beim Rezipienten abzielen, isoliert werden und versucht wird, im Vergleich und in der Kombination dieser Elemente eine komplexe Aussage über die Einstellung und Vermittlungsintention des Kommunikators zu machen.

Hier ist natürlich das Gebiet, auf dem systematisch praktizierte Aussagenanalyse auch versteckteste Ansätze von Einstellungsäußerung nachweisen kann oder umgekehrt: auch vom Kommunikator bewußt oder unbewußt verschleierte Einstellungsmomente evident werden. Für den medienpädagogischen Gebrauch reicht es allerdings aus, mittels der Aussagenanlyse deutlich zu machen, wie sehr selbst in scheinbar fiktiven Filmen verdeckt Einstellungsvermittlung praktiziert wird.

Beispiel:

Der Film ‚*Alma Mater*', eine Produktion des NDR, ist eine fiktive Dokumentation über die Studentenunruhen an der Freien Universität in Berlin um 1968. Das Thema des Films wird historisch nicht aufgearbeitet, die Handlung besteht aus der Rückschau eines Professors, der sich entschließt, aufgrund der wachsenden Politisierung der Hochschularbeit die Bundesrepublik zu verlassen und in die USA zu emigrieren, aus der er als Jude nach dem Zweiten Weltkrieg erst wieder in seine Heimat zurückgekehrt war.

Die Autoren des Films, ROLF HÄDRICH und DIETER MEICHSNER, geben durch die Wahl der dokumentarischen Filmform vor, ein Spiegelbild der Realität von hohem Authentizitätswert zu geben.

In Wirklichkeit spiegeln Darstellung und Gestaltungsweise des Films die Einstellung der Autoren wider.

Bereits die Story des Films verrät die Intention der Autoren:

Der Jude Professor Freudenberg emigriert zum zweiten Mal in die USA.

Die Auseinandersetzung mit den Studenten an der FU haben ihn dazu veranlaßt.

In einer Rückblende versucht der Film, die Beweggründe Freudenbergs dem Zuschauer verständlich zu machen.

‚Alma Mater' ist zusammengesetzt aus Dokumentaraufnahmen und Spielszenen.

Dem Zuschauer wird nicht ohne weiteres deutlich, welches die dokumentarischen und welches die gespielten Szenen sind.

Für die Aussagenanalyse relevante Elemente sind in diesem Film vor allem die Montage und die Texteinblendungen.

Die Sequenzen 11 und 12 sind durch eine Textstelle des Studenten Rainer verbunden. Seine Ausführung in der Fakultätssitzung, begonnen als Zeichen der Kompromißbereitschaft mit den Professoren, wird weitergeführt durch Wechsel des Bildes zu einer Demonstration und drückt den Aufruf zum Kampf aus (Bild-Ton-Kombination als Aussageelement).

In der Sequenz 15 wird das Fernsehprogramm, in dem auf den drei Empfangskanälen eine Ansprache Freudenbergs, ein amerikanischer Western und das DDR-Programm zu sehen sind, von einem Studenten dauernd umgeschaltet. Im Wechsel mit der Unterhaltung der Studenten werden die Textfetzen der Fernsehsendungen als Kommentar geschnitten. Darüber wird Schrift geblendet:
„Was sollen wir tun? Was tun? Was tun? Was tun? Was tun?“
In der Sequenz 32 wird zum Sexualakt der Studenten Rasmus und Jutta der Ton einer Demonstration eingeblendet.
Über die Sequenz 36 wird geblendet:
„Zerschlagt die Macht der autoritären Professorensäcke!“
Über die Sequenz 48 wird geblendet:
„Uns stinkt's – die Scheiße qualmt bereits.“
Mit gestalterischen Mitteln wird im Film ‚Alma Mater‘ scheinbar dokumentarischem Material eine eindeutige Aussageintention der Produzenten zur Diffamierung der Studentenbewegung aufgeprägt.

4.3 Die diachronen Methoden

Die diachronen Methoden der Filmanalyse suchen den Film in seiner Produktions- und Rezeptionsgeschichte als eine Form neben anderen Formen menschlicher Kommunikation zu sehen.

4.3.1 Deduktive Methoden

Die deduktiven Methoden gehen von einem bestimmten Theoriemodell aus und untersuchen die Anwendbarkeit des Modells auf die Analyse des jeweiligen Films.

a) Filmhistorische Analyse

Die filmhistorische Analyse (auch Genreanalyse, Gattungsanalyse, Cinelogie) ordnet jeden Film in die Reihe der vergleichbaren vor ihm entstandenen ein. Ein Western beispielsweise wird verstanden aus der Entwicklung des Genres Western, ein moderner französischer Film aus der Entwicklung des Kinos in Frankreich, usw. Dabei wird eine „geistesgeschichtliche Kontinuität“ vorausgesetzt, d.h. man geht davon aus, daß es keinen Regisseur gibt, der vor Erstellung seines ersten Films nicht selbst schon einmal Filme gesehen hat. Diese Methode erfordert vom Analysierenden ein hohes Maß an filmgeschichtlicher Kenntnis und cineastischem Interesse; ohne Zweifel ist sie aber bei der Analyse von bestimmten Filmen, die auf andere rekurrieren oder innerhalb ihres Genres innovative Funktion haben, wenig verläßlich. Die filmhistorische Analyse kann mit verschiedenen Schwerpunkten betrieben werden:

- als Genreanalyse (es gibt etwa 20 geläufige Filmgenres)
- als Gattungsanalyse (etwa zur Entwicklung des Dokumentarfilms)
- als Stilanalyse (etwa zum „impressionsitischen" Filmstil)
- als Analyse einer nationalen Filmentwicklung (etwa zum „jungen deutschen Film")
- als themengeschichtliche Analyse (etwa zum „Antikriegs-Film")
- als problemgeschichtliche Analyse (etwa zum Thema „Frauenemanzipation")
- als inhaltsgeschichtliche Analyse (etwa zur Sexualität im Film)
- als komparatistische Analyse (etwa zum filmischen Realismus in Italien und Frankreich)
- als Gestaltungsanalyse (etwa zum Einsatz der Kamera im Italo-Western)
- als Darstellungsanalyse (etwa zum Wandel der männlichen Hauptperson in den letzten 50 Jahren)

Es ist eine Vielzahl weiterer Varianten denkbar, die alle beliebig miteinander kombinierbar aus verschiedenen Erkenntnisinteressen heraus einen Schwerpunkt in der Analyse bilden können.

Beispiel:

In den meisten Genreaufstellungen taucht der Begriff des ‚Science-Fiction'-Films als Genre auf.

Grundsätzlich wird hier eine Unterscheidung nach dem Thema der Filme möglich sein.

Filme, die in nichtdokumentarischer Form technische oder gesellschaftliche Phänomene einer Zukunft behandeln, wird man als *Zukunftsfilme* (Futurefilms) – dieser Terminus ist seit den dreißiger Jahren in Vergessenheit geraten – bezeichnen und unterscheiden in *Science-Fiction-Filme*, die sich mit den Entwicklungen der Technik in der Zukunft befassen, und *utopische Filme*, die sich mit der Entwicklung gesellschaftlicher Phänomene in der Zukunft befassen.

Eine Sonderform bieten in beiden Gruppen auch im Genre des Horrorfilms anzusiedelnde Beispiele, in der ersten Gruppe recht viele, in der zweiten Gruppe sehr wenige.

In der ersten Gruppe befinden sich Hunderte von Filmen, nahezu alle in den USA entstanden, die durchweg kaum analysierenswert sind.

Wichtige Beispiele: ‚Andromeda', ‚Alarm im Weltall', ‚Colossus', ‚Die Delegation', ‚Die phantastische Reise', ‚Krieg der Sterne', ‚Der Tag, an dem die Erde Feuer fing', ‚2001-Odyssee im Weltraum'
und im Bereich des Genres Horrorfilm: ‚Frankenstein', ‚Das Ding aus einer anderen Welt', ‚Kampf der Welten', ‚Gefahr aus dem Weltall', ‚Formicula', ‚Tarantula', ‚Die Dämonischen', ‚Schock', ‚Die Fliege'.

In der zweiten Gruppe gibt es wenige Filme, die nahezu ausschließlich zu berühmten Filmen geworden sind: ‚Dr. Seltsam oder wie ich lernte, die Bombe zu lieben', ‚Die Erfindung des Verderbens', ‚Fahrenheit 451', ‚If', ‚Kriegsspiel', ‚Metropolis', ‚Das Millionenspiel', ‚1984', ‚Privileg', ‚Der phantastische Planet', ‚Sieben Tage im Mai', ‚Traumstadt', ‚Uhrwerk Orange'.

Ferner gibt es einige Zwischenformen: ‚Es geschah übermorgen', ‚Lemmy Caution gegen Alpha 60', ‚Die phantastische Welt des Mathew Madson', ‚Welt am Draht'.

Das Analyseziel muß bei beiden Gruppen verschieden sein: bei den Science-Fiction-Filmen ist zu fragen, ob die Darstellung technischer Möglichkeiten mit einer bestimmten Aussage, etwa in Form einer Warnung, verbunden ist und wie die Konfrontation des Menschen mit dieser zukünftigen Technik im Film dargestellt wird; bei den utopischen Filmen ist zu fragen, inwieweit die dargestellte Utopie bereits Elemente der Realität enthält oder unter welchen Voraussetzungen diese Elemente Realität werden könnten. Dabei wird festzustellen sein, daß fast alle Filme des zweiten Typs keine Utopien, sondern Gegenutopien, Schreckensbilder einer möglichen Zukunft zeigen.

b) Bedeutungsanalyse

Die filmische Bedeutungsanalyse (Semiologie) beschäftigt sich mit den sogenannten Topoi und Tropen des Films, d. h. sie untersucht formale und inhaltliche Einheiten, die in der Entwicklung des Films oder bestimmter Genres eine spezifische Bedeutung gewonnen haben – zum Teil wird man sie auch mit dem Begriff „Klischees" bezeichnen können.

Im Gegensatz zur morphologischen Analyse, bei der die Beschreibung der Analyseeinheiten eindeutig erfolgen kann, bleibt die Beschreibung der Einheiten bei der Bedeutungsanalyse oft beliebig. Zweifellos ist die Bedeutungsanalyse für das Verständnis einer großen Anzahl von Filmen unentbehrlich, gibt es doch bei der Bild-Ton-Kombination Film noch weit mehr Möglichkeiten der Tropenbildung (etwa Allegorien, Metaphern, Metonymien, usw.) als in der

Sprache. Trotzdem gibt es nur wenige präzise Ansätze zur Theoriebildung der Bedeutungsanalyse. In der unsystematischen Filmkritik hat sich dafür der Begriff „filmischer Verweis" etabliert, der aber nur unvollkommen die Gegenstände der Bedeutungsanalyse umschreibt[59].

Beispiel:

Die Gestalt des Bayernkönigs Ludwig II. hat das Thema zu sechs verschiedenen Filmen geliefert:
1929 von Dieterle, 1954 von Käutner, 1967 von Rossif, 1972 von Visconti, 1972 von Syberberg.

Die Bedeutungsanalyse des zweiten Films von Syberberg ‚Ludwig – Requiem für einen jungfräulichen König' ist insofern schwierig, als eine große Fülle von darstellerischen und gestalterischen Details den Film zu einer Collage aus unterschiedlichen Elementen werden läßt, die sich nicht zu einer fortlaufenden Erzählstruktur kombinieren lassen.

Die Filme Dieterles und Käutners hatten in unkritischer Weise das Leben des sogenannten Märchenkönigs zu einer tragischen, aber banalen Handlung reduziert. Die Filme behandeln Leben und Tod des Königs, der an einer unglücklichen Liebe und an dem Unverständnis der Bürokraten für seine künstlerischen Ambitionen zugrunde geht.

Rossif hat seinen Film ohne jegliche Spielhandlung lediglich aus Dokumentaraufnahmen aus den Schlössern Ludwigs und der Musik Richard Wagners aufgebaut.

Visconti ist der erste, der in seinem Film versucht, der Gestalt Ludwigs von der psychologischen Seite her gerecht zu werden.

In seinem ersten Film ‚Die Erinnerungen des ehemaligen Hofkochs Theodor Hirneis' versucht Syberberg bereits, nur mit Hilfe der Tagebuchaufzeichnungen Ludwigs, seines Kochs und anderer Zeitgenossen, ein authentisches Bild vom Leben des Königs zu entwerfen.

In seinem zweiten Film geht er nun dazu über, authentisches Material, wie die von Edit Grein 1925 herausgegebenen Tagebuchaufzeichnungen Ludwigs und die in Karl Richters Biographie über Ludwig gesammelten und aufbereiteten Informationen, interpretierend zu kombinieren und mit historisch entfernten Begebenheiten in Beziehung zu setzen.

Die Eingangssequenz, in der Ludwig als 5jähriger einen Schwan hinter sich herzieht, verweist auf die Sozialisation des Bayernkönigs, die bei den sonstigen Analysen seines Lebens weitestgehend außer acht gelassen wurde.

In diesem Zusammenhang sind auch die Einfügungen von Szenen aus dem Leben des Vaters und des Großvaters Ludwigs Maximilian und Ludwig I., wie das Auftreten der Maitresse Lola Montez zu verstehen.

Syberberg macht den Versuch, die Gestalt Ludwigs über die psychologische Deutung hinaus in einen politischen Zusammenhang zu setzen. Im Zusammenhang mit dieser Absicht lassen sich die Teile des Films deuten, die auf spätere historische Ereignisse, wie das Auftreten von Hitler und Röhm, verweisen.

Die Bedeutung der zahlreichen Szenen mit Personen aus der Zeit Ludwigs, der Habsburger und Wittelsbacher aber auch der bayerischen Ministerialbürokratie, wie Pfistermeister, Dürckheim und von Bülow, und historischer anderer Personen, wie Bismarck, Wagner, Liszt, usw. kann nur aus der intensiven Kenntnis historischer Details, des Schrifttums zu Ludwig II. und einem umfassenden Überblick über die politische Situation der damaligen Zeit in allen Einzelheiten erfaßt werden.

Syberberg hat also in diesem Film, im Gegensatz zu seinen anderen Filmen über Ludwig II. darauf verzichtet, von ihm erarbeitetes Material für den Zuschauer aufzubereiten und ihm damit die Problematik verständlicher zu machen.

Es scheint, als habe Syberberg lediglich einen Film gegen seine Regiekollegen und deren oberflächliche und ästhetisierende Filme machen wollen.

Ohne Zweifel wird dadurch die Bedeutung nicht nur einzelner Teile, sondern des ganzen Films einem breiteren Zuschauerkreis verschlossen bleiben.

4.3.2 Ideologiekritische Methoden

Die ideologiekritischen Methoden der Filmanalyse untersuchen, inwieweit systemstabilisierende oder System verändernde Theorien des Gesellschaftssystems, in dem der Film entstanden ist, Eingang in die filmische Darstellung der Wirklichkeit gefunden haben[60].

a) Strukturalistische Analyse

Die strukturalistische Analyse umfaßt von allen Methoden den größten Bereich in bezug auf für den filmischen Kommunikationsprozeß relevante Faktoren. Bei dieser Methode ist das Erkenntnisinteresse darauf ausgerichtet, die Beziehung des filmischen Kommunikats zur kollektiven Bewußtseinsstruktur der Gesamtgesellschaft, in der der Film entstanden ist, zu setzen. Dies beudeutet, daß bei jedem Film zu überprüfen ist, inwieweit seine Struktur (damit ist die Einheit von Form und Inhalt bezeichnet) geprägt ist von bestimmten Bewußtseinsformen kollektiven Charakters, also Ideologien[61].

Der relativ komplizierte theoretische Ansatz der strukturalistischen Methode braucht nicht näher erörtert zu werden, da die Anwendung der Methode keines besonderen methodischen Instrumentariums bedarf. Innerhalb der Analyse ist zu überprüfen, ob bestimmte den Film charakterisierende Handlungsstrukturen den Bewußtseinsstrukturen der jeweiligen Gesellschaft entsprechen oder umgekehrt: ob bekannte Bewußtseinsstrukturen der Gesellschaft Eingang in die Filmstruktur gefunden haben. Die Praktizierung der strukturalistischen Methode ist um so einfacher, je trivialer der Film ist. Beispiele haben aber gezeigt, daß eine relativ einfache Anwendung auch bei anderen Beispielen bis hin zum Dokumentarfilm möglich sind.

Eine Differenzierung ist dann möglich in bezug auf die Unterscheidung von expliziten bzw. impliziten ideologischen kollektiven und intentionalen (absichtsvollem) oder intentionalen (nicht bewußtem) individuellen Handeln.

Beispiel:

VOLKER SCHLOENDORFF hat in seinem Film ,*Der junge Törless*' den Roman Robert Musils ,Die Verwirrungen des Zöglings Törless' verarbeitet. Schloendorff hat in seinem Film bestimmte Textstellen des Romans übernommen, andere weggelassen oder verändert.

Eine strukturalistische Filmanalyse macht deutlich, daß Schloendorff durch die Auswahl der Textstellen dem Film eine ganz spezifische Akzentuierung in bezug auf die Gesellschaft, in der er entstanden ist, verliehen hat.

Im Film Schloendorffs wird eine Grundtendenz moderner Gesellschaften sichtbar, in denen der Einzelne in seinen Denkprozessen und seinem Handeln Sachzwängen unterworfen ist, durch die Werte nur noch in degradierter Form als Normen existieren.

Auch der Mensch hat in einem solchen System lediglich einen Gebrauchswert.

Schloendorff deckt diesen gesellschaftskritischen Ansatz im Roman Musils auf und hebt ihn hervor.

Der Schüler Törless wird in einem langsamen Sozialisationsprozeß in die Übernahme solcher Wertbegriffe eingeführt, solange bis er nach zahlreichen Identifikationskonflikten endlich kritiklos die Wertideologie der modernen Tauschgesellschaft übernimmt.

Weder Musil noch Schloendorff üben Kritik an diesem Vorgang. Für beide scheint der Prozeß, den Törless durchmacht, eine unabdingbare Voraussetzung für das Leben in der heutigen Gesellschaft zu sein. Roman und Film sind daher lediglich als Analyse des Zustandes, nicht aber als Aufruf zur Änderung dieser nur scheinbaren Notwendigkeiten anzusehen.

Im Verlauf des Films spiegeln sechs Textstellen, die fast wörtlich aus dem Roman entnommen sind, den stufenweisen Prozeß bis zur Anpassung des jungen Törless an geltende Normen wieder:

1. Determination der Zielorientierung durch Kollektivnorm.
„Törless sah nicht rechts noch links – aber er fühlte es: Schritt für Schritt trat er in die Spuren, die soeben erst vom Fuß des Vordermannes im Staub aufklafften."

2. Die Suche nach authentischen Werten.
„Dann sehnte er sich danach, endlich etwas Bestimmtes in sich zu fühlen, feste Bedürfnisse, die zwischen Gutem und Bösem schieden."

3. Der Bruch zwischen Wert- und Wirklichkeitsstruktur.
„Dann war es auch möglich, daß von der hellen täglichen Welt ein Tor zu einer anderen vernichtenden führte, daß nicht nur ein Übergang besteht, sondern ihre Grenzen nahe aneinanderstoßen."

4. Ambivalenz und Handeln.
„Sehen Sie dieses Buch. Das ist Philosophie. Es enthält die Bestimmungsstücke unseres Handelns: lauter solche Denknotwendigkeiten, die eben alles bestimmen, ohne daß sie selbst einzusehen wären."
5. Ambivalenz als Gegensatz zur Objektdiskriminierung.
„Törless begann, Dinge, Vorgänge und Menschen als etwas Doppelsinniges zu empfinden."
6. Die Übernahme der Normen.
„Ich weiß, die Dinge sind die Dinge und werden es wohl immer bleiben. Und ich werde sie wohl immer bald so bald so ansehen. Bald mit den Augen des Verstandes bald mit den anderen. Und ich werde nicht mehr versuchen, dies miteinander zu vergleichen."

Die Analyse des Films macht deutlich, daß er sich mit einer bestimmten Struktur unserer Gesellschaft auseinandersetzt und diese in einer fiktiven Handlung sichtbar werden läßt.

b) Marxistische Analyse

Die marxistische Filmanalyse beruht auf der Forderung eines filmischen Realismus[62].

Mit dieser Methode wird untersucht, ob sich die gesellschaftliche Wirklichkeit in ihren klassenbedingten Widersprüchen im filmischen Kommunikat widerspiegelt. Der Ansatz zu einer marxistischen Analyse ist daher ein dreifacher: 1. ist zu untersuchen, welche sozialen Voraussetzungen zur Entstehungszeit des Films bestanden, 2. wie der Film soziale Gegebenheiten darstellt und 3., ob die filmische Darstellung eine realistische Reflexion des sozialen Seins in seiner Klassenstruktur ist. Dieser Methode ist die Bewertung des Untersuchungsgegenstandes implizit[63].

Die marxistische Analysemethode will als eine mögliche abschließende Methode bei einer Gesamtanalyse unter Zuhilfenahme anderer Methoden verstanden werden. Dabei sind die anderen benutzten Methoden unter dem Aspekt einer Medienanalyse auf der Grundlage des historischen Materialismus einzuordnen. Unter der Perspektive, daß nach dieser Theorie künstlerische Produktion ein Überbauphänomen auf ökonomischer Basis ist, lassen sich die einzelnen Methoden als Instrumentarium zu Voruntersuchungen verstehen, die dann in die eigentliche marxistische Analyse einmünden[64].

Beispiel:

In seinem Film ‚*Privileg*' zeigt der Regisseur PETER WATKINS eine Vision der englischen Popkultur um das Jahr 2000.

Steven Shorter, ein junger Pop-Sänger, wird von der englischen Regierung zum Idol der Jugend aufgebaut. Bei seinen Auftritten entlädt sich die Aggression der Jugendlichen, seinen Aufforderungen gehorchen Millionen und werden damit zur willenlosen Masse. Steven wird ebenso erfolgreich für Werbezwecke wie für die Belange der Kirche eingesetzt.

Eine ungeheuer perfektionierte Konsumindustrie hat sich um seine Person etabliert.

Im Laufe des Films wird gezeigt, wie sich Steven seiner Manipulation durch andere bewußt wird und schließlich öffentlich gegen die Kulturindustrie und ihre Massensuggestion opponiert.

Kurz darauf ist die Person Stevens aus dem Bewußtsein der Bevölkerung getilgt.

Watkins hat seinen Film in der Form eines fiktiven Fernsehberichts gestaltet. Die Gegenutopie, die er in seinem Film entwirft, scheint der Realität näher zu sein als dem Jahr 2000. Allzu deutlich sind die Parallelen zu den Popgruppen der sechziger Jahre, den Beatles, Rolling Stones usw.

Watkins entwirft in seinem Film eine recht genaue Analyse der Einbettung der gesamten Popkultur in die politischen und wirtschaftlichen Interessensphären der kapitalistischen Gesellschaft.

In seinen Gestaltungselementen unterstreicht Watkins diese Tendenz: Teile des Films, gemacht in der Art der großen Popmusikfilme, werden abgelöst von Teilen, die der Machart des Fernsehfeatures entsprechen; auf die dokumentarischen Analysen der Werbefilmproduktion folgt ein in der Art von Leni Riefenstahls ‚Triumph des Willens' gestalteter Abschnitt.

Ohne Zweifel gibt Watkins in diesem analytischen Teil seines Films genau wieder, daß die Massenkultur die Jugendlichen von der Auseinandersetzung mit politischen Problemen und emanzipatorischen Tendenzen abhält und ihnen das Leben in einer Traumwelt ermöglicht, die ihnen dann die Unmündigkeit und Manipulation in ihrer realen Existenz als ertragbar erscheinen läßt.

Die Entwicklung, die Watkins aber dann seinen problematischen Helden nehmen läßt, scheint kritisierbar.

Durch die Initiative einer Frau wird sich Steven Shorter bewußt, Werkzeug in der Hand von Demagogen und Kapitalstrategen zu sein. Er bricht aus seinen Zwängen aus und zieht sich in die Individualität des Privaten zurück.

Sicherlich wird er abgelöst von einem neuen Idol und der Kreislauf beginnt aufs neue.

Die Bewußtwerdung des Einzelnen hat in diesem Falle nicht zur Bewußtwerdung der manipulierten Massen geführt.

Der Rückzug in die Individualität des Privaten hat nur zum Entzug von den Mechanismen der Massenkultur geführt, nicht aber zum aktiven Kampf gegen sie.

Die konsequente Entwicklung des Films von Watkins aus der Gegenutopie in eine operationale Utopie, das heißt in eine Darstellung, in der den kritisierten Gesellschaftsstrukturen eine mögliche andere Struktur entgegengestellt wird, wobei die Handlungsstufen zu deren Verwirklichung exemplarisch dargestellt werden, wäre eine mögliche Alternative.

Eine der Bewußtwerdung des Pop-Idols und seinem Ausbruch aus den Zwängen der Kulturindustrie folgende Solidarisierung der Konsumentenmassen wäre eine solche emanzipatorische Darstellung.

5. Die Struktur der Filmanalyse

Eine Filmanalyse setzt sich aus drei Hauptelementen zusammen, den analytischen Elementen, zu deren Erstellung die beschriebenen Analysemethoden herangezogen werden, den synthetischen, die aus den Ergebnissen der ersteren gewonnen werden, und den evaluativen, bei denen die Ergebnisse der vorgenannten mit unabhängig davon gewonnenen Wertungskriterien konfrontiert werden. Bei der Erstellung einer Filmanalyse wird allerdings die Reihenfolge der Zusammenfassung der Untersuchungsergebnisse etwas anders aussehen. Man wird hierin sinnvollerweise den Weg der Produktion des Films nachzeichnen und ausgehend von der mutmaßlichen Vermittlungsintention des Regisseurs das für den Film gewählte Thema beschreiben, die spezifische Darstellungsweise erläutern und dann erst die Untersuchung der Gestaltungsmittelanalyse anfügen. Ergänzt wird dieser Überblick durch eine Analyse der Zielgruppe, durch eine Auswertung der Ergebnisse und eine Kritik[65].

5.1 Die analytischen Elemente

Die analytischen Elemente werden durch Anwendung mindestens einer, höchstens aller beschriebenen Methoden gewonnen. Jede von ihnen ergibt eine Reihe von Fakten, die zusammengefügt dann zu weiteren Aussagen über die Konstruktion des Films führen.

5.1.1 Die Untersuchung der filmischen Gestaltungsmittel.
Zur Untersuchung der filmischen Gestaltungsmittel dienen die statistische Methode, die morphologische Methode, teilweise auch die wirkungsgenetische und die filmografische Methode, sowie die Bedeutungsanalyse. Die mit diesen Methoden gewonnenen Ergebnisse sollen ein umfassendes Bild davon geben, mit welchen spezifischen Gestaltungsmitteln der Regisseur den Film konstruiert hat. Die Analyse der Gestaltungsmittel läßt nicht nur Schlüsse auf die Qualität des Films zu – wobei einzufügen ist, daß Trivialfilme sehr oft mit einem großen Aufwand an gestalterischen Besonderheiten über ihre

Der Verlauf einer Filmanalyse

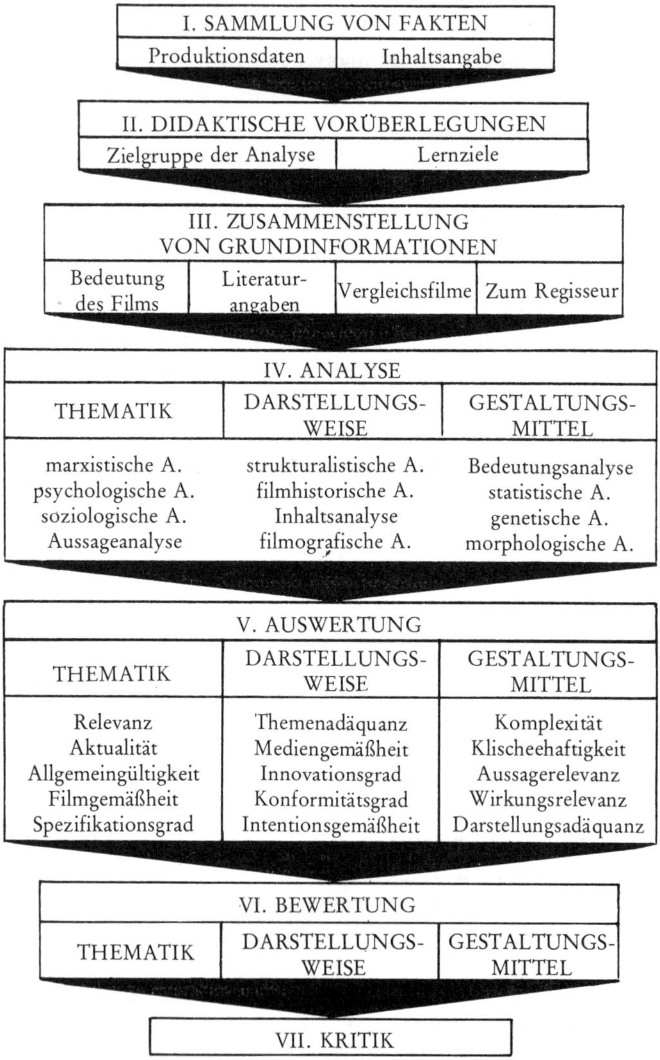

Inhaltslosigkeit hinwegtäuschen – sondern gibt auch einen Einblick in die Sehgewohnheiten der Rezipienten zur Entstehungszeit des Films.

Es wäre allerdings falsch anzunehmen, daß mit der Analyse der Gestaltungsmittel allein ein umfassender Zugang zu einem Film gegeben sein könnte.

5.1.2 Die Untersuchung der filmischen Darstellungsweise

Nach der Wahl eines Themas, das seiner Vermittlungsintention entspricht und vor der Wahl der filmischen Gestaltungsmittel wird der Regisseur (oder auch der Produzent, der Drehbuchautor, usw.) die Darstellung des Themas entsprechend seinen filmischen Möglichkeiten festlegen – eine Drehbuchstory schreiben. Welche Darstellungsweise der Regisseur wählt, hängt von nahezu allen Elementen des filmischen Kommunikationsfeldes ab: den Produktionsbedingungen, den Distributionsmöglichkeiten, der Zielgruppe u. v. a. m.

Eine Analyse der Darstellungsweise erfolgt hauptsächlich durch die soziologische Methode, die psychologische Methode, die Inhalts- und Aussagenanalyse und teilweise auch die filmhistorische, die strukturalistische und die marxistische Methode. Das Analyseergebnis für die filmische Darstellungsweise ist letztlich dafür entscheidend, ob der Film trivial ist oder ob er den Filmkunstwerken zugerechnet werden kann – es sind nicht die Gestaltungsmittel, die das Hauptkriterium dafür bilden.

Im folgenden seien grundsätzliche Faktoren genannt, die bei allen Untersuchungen zugrundegelegt werden sollen:

- *Themenadäquanz:* Ist das Thema des Films mit der gewählten Darstellung hinreichend abgehandelt worden?
- *Zielgruppenadäquanz:* Ist die Darstellung für die ausgewählte Zielgruppe (soweit diese bekannt ist) angemessen?
- *Intentionsgemäßheit:* Konnte der Regisseur seine Intention (soweit diese bekannt ist) in seinem Film vermitteln?
- *Mediengemäßheit:* War die Darstellungsweise für die Vermittlung durch das Medium Film geeignet?
- *Innovationsgrad:* Ist Darstellungsweise des Themas eine Neuerung in der Filmgeschichte?
- *Konformitätsgrad:* Ist die Darstellungsweise den Produktionsbedingungen der jeweiligen Filmindustrie angepaßt?

Die Auswertung der Analyseergebnisse zu der filmischen Darstellungsweise und den filmischen Gestaltungsmitteln und die daraus entstehende Synthese von Einzelergebnissen zu einer umfassenden Aussage über den Film gibt die Möglichkeit, die für den Film grundlegenden Elemente differenzierter zu untersuchen.

5.2.1 Die Untersuchung der Thematik

Die Wahl des Themas für einen Film ist nicht – wie vielfach angenommen wird – bestimmend für die Wahl der Darstellungsweise und der Gestaltungsmittel. Grundsätzlich kann jedes Thema in allen Filmgenres und unter Einsatz aller Gestaltungsmittel filmisch verwirklicht werden[66].

Dies macht es unter Umständen möglich, ein Thema filmisch zu behandeln, das nur sehr schwer der anzusprechenden Zielgruppe näher zu bringen ist oder auch durch Vorlage eines Drehbuches ein Thema filmisch verwirklichen zu können, das bei einer anderen Darstellungsweise nicht zur Produktion freigegeben worden wäre. Nach der grundsätzlichen Fragestellung, wie relevant die Behandlung eines bestimmten Themas für die jeweilige Zielgruppe ist, wird die Frage zu stehen haben, ob das Thema durch den Film hinreichend behandelt wurde.

Dabei spielt die Vermittlungsintention des Kommunikators eine entscheidende Rolle. Wenn der Regisseur beauftragt ist, einen Unterhaltungsfilm zu konzipieren, wird er unter Umständen ein bestimmtes Thema, das er behandeln möchte, mit der weitgehend von der Gattung des Unterhaltungsfilms festgelegten Darstellungsweise nicht adäquat behandeln können.

Für die Beurteilung des Themas eines Films lassen sich folgende Hauptkriterien aufstellen:

1. Relevanz,
2. Aktualität,
3. Allgemeingültigkeit,
4. Spezifikationsgrad,
5. Filmgemäßheit des Themas.

5.2.2 Die Untersuchung der Aussageintention

Es scheint paradox, innerhalb einer Erläuterung filmanalytischer Methoden die Aussageintention als eines der aus dem Analysevorgang zu gewinnende Ergebnis aufzuführen – denn schließlich ist Film ein Medium, d. h. eine Art der Übermittlung von Aussagen des Kommunikators. Andererseits wird aber auch leicht einsichtig, daß die Aussageintention bei einigen Filmen stärker, bei anderen schwächer zutage tritt – bei Agitationsfilmen ist sie zumeist leicht erkennbar, bei Experimentalfilmen manchmal überhaupt nicht zu entschlüsseln.

Nahezu alle Analysemethoden zielen auf die Frage: „Was sagt uns der Regisseur?“. Sie gehen dabei von den übermittelten Informationen und nicht einer gemutmaßten Vermittlungsabsicht aus. Die auf die Intention des Autors zielende Methode der Aussagenanalyse macht eine Ausnahme. Trotzdem ist es nach Auswahl verschiedener Methoden ohne weiteres möglich, auch mit dem hier vorgestellten einfachen Instrumentarium Ergebnisse zu erzielen über die Aussageintention des Regisseurs, Drehbuchautors oder anderer Kommunikatoren.

Dabei sind besonders die induktiven Methoden hilfreich.

Grundsätzlich sollte ein erster Ansatz für die Untersuchung der Aussageintention eine genaue Beschreibung von Thematik und Darstellungsweise des Films sein, wie sie in den vorangehenden Abschnitten erläutert worden ist. Nur auf diese Weise lassen sich Kategorisierungen wie manipulativ, unrealistisch, zielgruppeninadäquat, usw. hinreichend belegen. Eindeutige Ergebnisse bei einer solchen Untersuchung zu erzielen, erfordert jedoch meistens einen großen methodischen Aufwand unter Heranziehung anderer Filme des Regisseurs, biografischer Daten, soziologischer Fakten, etc.

Sollte die Untersuchung der Aussageintention keine hinreichenden Ergebnisse erbringen, genügt es für die meisten Analyseverfahren die Aussage des Films (als Aussage für den Rezipienten) durch eine Reihe von Zuschauern konstatieren zu lassen und auf weitere Spekulationen über die mögliche Intention zu verzichten[67].

5.3 Die evaluativen Elemente

Filmanalyse im bislang vorgestellten Sinne ist ein kritisches Verfahren und sollte es auch sein. Dies heißt, daß die mittels der Analysemethoden gewonnenen analytischen und zu Untersuchungsergebnissen synthetisierten Daten zu einer Bewertung des Films dienen sollen.

Dies kann auf zwei Ebenen geschehen, auf der rezeptionsorientierten, wobei nach der Wirkung des Films auf den Zuschauer gefragt wird, und auf der cineastischen Ebene, auf der die Bedeutung des Films für die Filmgeschichte, eine Filmschule, etc. untersucht wird.

5.3.1 Die Untersuchung der Wirkung des Films

Bei der Frage nach der Wirkung von Filmen muß unterschieden werden nach zwei Wirkungsmomenten: Affekt und Effekt.

Affekte bei der Rezeption sind Aggressivität, Angst, Spaß, usw. – Effekte der Rezeption sind Einstellungsänderung, Motivation zur Reflexion, Information, usw. Das Schema des Analysevorgangs, so wie es hier aufgeführt ist, suggeriert, daß Erkenntnisse über die Filmwirkung nach der Anwendung der einzelnen Methoden erzielt werden.

Die Analysepraxis wird hier einen anderen Weg nahelegen: Aufgrund von Beobachtungen und Gesprächen mit den Rezipienten des Films werden die Wirkungen empirisch festgestellt und dann durch die Analyse die Gründe für eine bestimmte Wirkung erforscht. Der umgekehrte Weg ist natürlich auch möglich, nur sind die interdependenten Faktoren und Variablen, die die Wirkung eines Films bestimmen, zu vielfältig, daß man annehmen könnte, aufgrund einer Analyse ohne empirische Überprüfung eines exemplarischen Rezeptionsvorganges eindeutige Aussagen über die Wirkungsmomente machen zu können. Auf der anderen Seite ist es aber auch erforderlich, die aus Rezeptionsvorgängen gewonnenen Fakten mittels der Analysemethoden zu überprüfen, um nicht Gefahr zu laufen, einen Film zu qualifizieren und deshalb unter Umständen falsch zu beurteilen, weil die Rezipienten der exemplarischen Vorführung nicht der Zielgruppe des Films angehörten[68].

5.3.2 Die Untersuchung der Bedeutung des Films

Der letzte Abschnitt hat gezeigt, daß ein Wirkungskriterium für einen Film die Wirkung sein kann, die er beim Zuschauer erzielt und die nicht identisch zu sein braucht mit der Aussageintention des Kommunikators. Nun ist es aber durchaus denkbar, daß ein bestimmter Film von seiner Wirkung her abqualifiziert werden mußte, etwa, weil er die intendierte Aussage nicht vermittelt oder die Wirkungsmomente als abzulehnen angesehen werden. Andererseits ist der Film aber unter Umständen ein wichtiges Beispiel für die Entwicklung der Filmkunst, so daß seine Bedeutung höher zu bewerten ist, als die Wirkungsanalyse nahelegt. Umgekehrt kann natürlich auch ein Film, der eine außerordentlich große Wirkung hat, von seiner Bedeutung her unwichtig sein. Um hier Kriterien zu einer Untersuchung zu finden wird man nicht umhin kommen, ähnlich zu verfahren, wie es im letzten Abschnitt beschrieben wurde: Es bedarf einer gewissen Vorinformation über die filmgeschichtliche Einordnung des Films etwa oder über seine innovativen Elemente, um die Analyseergebnisse zu einer Aussage über die Bedeutung des Films zu verdichten[69].

Auf der anderen Seite ist ebenso interessant, einen Film, dem große Bedeutung von der Filmkritik zuerkannt wird, mit den verschiedenen Methoden zu analysieren, um zu ergründen, durch welche einzelnen Faktoren die Bedeutung des Films begründbar ist – bzw. um dann festzustellen, daß es vielleicht gar keine Faktoren gibt, die diese Bedeutung rechtfertigen.

6. Formen der Filmanalyse und Filmarten

Für die verschiedenen Filmarten (Animations-, Fiction-, Dokumentarfilm) sind jeweils spezifische Analyseformen sinnvoll.

6.1 Analyse von Animationsfilmen

Die Analyse von Animationsfilmen (meist Zeichentrickfilmen) wird nicht sehr häufig durchgeführt; sie ist jedoch wegen der besonderen Gestaltung bestimmter Themen sehr zu empfehlen. Hier wird die Realität verfremdet und muß enträtselt und auf die eigene Situation bezogen werden.

Bei der Analyse solcher Filme ist zu achten: 1. auf die spezifische Gestaltung, 2. auf die erzählte Geschichte, 3. auf die Thematik, 4. auf die Abstraktion und die Beziehung zur Realität[70].

Bei der Abstraktion des Themas kann man zwischen Reduktion und Transformation unterscheiden. Bei der Reduktion wird die komplexe Realität nur in einzelnen ausgewählten Momenten und Elementen dargestellt, was zu mehr Prägnanz und Aussagekraft führt.

Bei der Transformation wird die komplexe Realität in eine komplexe synthetische Welt übertragen; so bietet sich hier eher die Möglichkeit der Identifikation für die Rezipienten. Der Vermittlungsprozeß ist hier allerdings anders als bei den stärker didaktisch bestimmten reduzierenden Abstraktionen[71].

Beispiel der Analyse eines Animationsfilms

Film: Vergleich ,*Charlie Brown und seine Freunde*', ,*Asterix der Gallier*'
Methode: Aussagenanalyse.

Die Comic-Reihen ,The Peanuts' und ,Asterix' werden zumeist als emanzipatorische Zeichenserien beurteilt, weil sie bestimmte gesellschaftliche Elemente ironisierend behandeln.

In der folgenden kurzen Charakterisierung soll gezeigt werden, daß dies auf die ,Peanuts' zutrifft, auf ,Asterix' aber nicht.

1. Analyse des ,Asterix'-Films
a) Thematik.
Die Thematik des Asterix-Films hat durchaus emanzipatorischen Charakter. Der Auffassung ,,Männer machen Geschichte" wird eine fiktive historische Darstellung der kriegerischen Auseinandersetzung zwischen Römern und Galliern entgegengesetzt, die den Geschichtsverlauf als letztlich von zahllosen Unbekannten abhängig beschreibt.
b) Darstellung:
Die Darstellung verfehlt den Charakter der Thematik in fünf Punkten:
- Die Protagonisten sind Heldenfiguren, mit denen sich der Zuschauer statt der persiflierten historischen Gestalten identifizieren kann.
- Die in der Figur des Obelix kritisierte bürgerliche Lebensanschauung wird ersetzt durch eine Superfigur, Asterix.
- Werden die durch Rollenmißachtung entstehenden Konflikte ausschließlich mittels Gewaltanwendung gelöst.
- In Form von Parodie wird Sprachkritik beispielsweise an Redensarten und Sprichwörtern geübt, daneben aber ein eigener ornamentaler Sprachstil eingeführt.
- Die Story ist in Form einer spannenden Kriminalgeschichte aufgebaut, bei der die Helden Asterix und Obelix immer siegen.

c) Gestaltung:
Die Figuren sind nach den üblichen Gesichtspunkten der Gestaltpsychologie als positiv und negativ konzipiert.
Kritik:
Die Asterix-Episoden bewegen sich auf der Linie der Produktionen, die mit ironisierender Art gewisse übertriebene Formen bürgerlicher Interaktion analysieren.

Sie spiegeln insofern die Struktur der heutigen Gesellschaft, als sie ausschließlich Autoritäten abbauen und Heroen parodieren, wenn sie solche neu etablieren.

Die ‚Asterix'-Filme sind daher Transformationen von Slapstick- und Action-Filmen in die Zeichentrickwelt und gleichzeitig Parodien auf bestimmte historische Ereignisse, deren Verlauf durch die parodistische Darstellung aber genau so wenig analytisch aufbereitet wird, wie es bei historischen Ausstattungsfilmen der Fall ist.

2. Analyse des ‚Peanuts'-Films

a) Thematik.

Die Thematik der Peanuts-Filme ist eine Beschreibung der Interaktionen von Kindern im Alter von 6–10 Jahren.

Diese Thematik ist nicht unbedingt als emanzipatorisch zu bezeichnen.

b) Darstellung.

Die Darstellung der Thematik hat jedoch aus folgenden Gründen emanzipatorischen Charakter:

- Die Einstellung und Haltung zu Objekten der Außenwelt bei Kindern wird als Sozialisationsprozeß sichtbar gemacht.
- Menschliche Interaktionsmuster werden durch die Vermenschlichung des Hundes Snoopy als affektiv entlarvt.
- Die funktionale Rationalität der Erwachsenen wird als irrational entlarvt.
- Rollenverhalten und Rollenerwartung werden als Ausdruck unkritischen Verhaltens vorgeführt.
- Grundlegende Mechanismen marktwirtschaftlichen Denkens werden problematisiert.
- Verbreitete Denkmodelle der Erwachsenenwelt werden infantilen Denkmodellen gegenübergestellt und damit parodiert.
- Durch die Darstellung paradoxer Erziehungsversuche unter den Kindern werden die allgemein verbreiteten Erziehungsmethoden in Frage gestellt.
- Sämtliche Formen unbegründeter Autorität und Herrschaft werden auf ihre Rechtfertigung hin untersucht.

c) Gestaltung.

Die vollständige Abstraktion durch Verzicht fast jeder Figürlichkeit konzentriert die Aussage auf die Kritik von Interaktionsmustern und verhindert Identifikation mit Helden.

Kritik.
Die Peanuts-Episoden geben eine kritische Strukturanalyse der wesentlichen Elemente unseres gesellschaftlichen Systems.
Die starke Reduktion der Wirklichkeit auf charakteristische Merkmale menschlichen Verhaltens macht die Motivation und Funktion der verschiedenen Verhaltensmuster leicht erkennbar.
Der Film zeigt daher in einfacher Form komplexe Zusammenhänge und macht Verhaltensstrukturen sichtbar.

Vergleich.
Während die ‚Asterix'-Filme lediglich unterhaltenden Charakter haben und ihre Aussage auf den parodistischen Effekt beschränkt bleibt, machen die ‚Peanuts'-Filme bei jedem Zuschauer Teile des eigenen Verhaltens bewußt und haben daher eine Aussage für jeden, der sich in den vorgestellten Verhaltensmustern wiedererkennt.

6.2 Die Analyse von Fiction-Filmen

Fiction-Filme (Spielfilme, Kurzfilme, Fernsehspiele, Experimentalfilme, etc.) sind die verbreitetsten Untersuchungsobjekte für Filmanalysen, obwohl ihre Komplexität am höchsten und damit der analytische Aufwand am größten ist. Andererseits besteht bei ihnen die Möglichkeit, alle Analyseelemente am intensivsten zu praktizieren.

6.2.1 Das Grundmuster der Analyse

Das Grundmuster der Fiction-Analyse besteht aus 10 Abschnitten. Eine Änderung der Reihenfolge dieser Abschnitte ist zum Teil möglich.
1. Analyseziel: Zunächst sollte festgelegt werden, warum der Film analysiert wird (medienpädagogisch orientiert, thematisch orientiert, filmtechnisch orientiert, usw.).
2. Bedeutung: Dann sollte man eine kurze filmgeschichtliche Charakteristik des Films geben, d. h. aufführen, welchen Stellenwert er etwa bei der Entwicklung eines Genres etc. hat – oder auch festhalten, daß es sich um einen beliebig ausgewählten Trivialfilm handelt.

3. Einführung: Dieser sollte alle bekannten Daten über den Regisseur, die Entstehung des Films, seine Rezeption, usw. – enthalten.
4. Inhalt: Hier sollte die „Filmstory" knapp und präzise wiedergegeben werden.
5. Thema: Dieser Abschnitt sollte den Versuch einer exakten Beschreibung des Filmthemas enthalten.
6. Darstellungsweise: Hier sollte man die spezifische Darstellungsweise des Themas im Film erläutern.
7. Gestaltung: Hier sollten die wesentlichen Gestaltungsmittel erklärt werden.
8. Wirkung: Dann sollte man auf die Rezeption des Films eingehen.
9. Auswertung: Der Abschnitt sollte die Ergebnisse der verschiedenen Analysestufen zusammenfassen.
10. Kritik: Der zehnte Abschnitt sollte eine abschließende Bewertung des Films geben.

6.2.2 Der Begriff des filmischen Realismus als ein Hauptkriterium

Die Analyse von Fiction-Filmen hat als Schwerpunkt der Untersuchung die filmische Darstellungsweise. Wie schon die Bezeichnung „Fiction-Film" besagt, wird in dieser Filmart Realität in eine filmische Realität überführt. Dies geschieht durch eine ähnliche Widerspiegelung im Dokumentarspielfilm oder – im anderen Extrem – durch eine verfremdete Widerspiegelung im Experimentalfilm.

Die verschiedenen Möglichkeiten von Widerspiegelungen der Realität werden durch die verschiedenen Darstellungsweisen des Themas im Film verwirklicht. Da die Problematik des Fiction-Films von analytischer Sicht aus immer in der Überführung der gegebenen Realität in eine konstruierte Filmrealität besteht, scheint es nicht nur legitim, sondern auch sinnvoll, diesen Überführungsprozeß in der Analyse in den Vordergrund zu stellen, filmischen Realismus als Meßgröße bei der analytischen Operation anzunehmen. Die sich dabei ergebenden Hauptfragestellungen sind:

- Gibt der Film eine historisch fixierbare Realität wieder?
- Ist die Handlungsstruktur des Films realistisch konzipiert?
- Ergibt der Film eine realitätsbezogene Aussage?
- Welche Veränderungen ergeben sich aus der Übertragung von Realität in Filmrealität?
- Erzeugt der Film eine Scheinrealität?[72]

Beispiel der Analyse eines Fiction-Films

Film: ‚*Traumstadt*‘ (SCHAAF/BRD 1973).
Methode: Aussagenanalyse.
1. Vergleichsfilme
1984 (Anderson), Fahrenheit 451 (Truffaut), Aufstand der Tiere (Rochemont), Adam 2 (Lenica), Uhrwerk Orange (Kubrick).
2. Literaturvorlage
Alfred Kubin: Die andere Seite (Roman).
3. Inhalt
Bei einem Münchner Maler erscheint ein Fremder mit der Einladung an ihn und seine Frau, München zu verlassen und in die Traumstadt seines ehemaligen Klassenkameraden zu übersiedeln.

Nach einem Flug ins asiatische Hochland und einer langen Reise erreichen sie die Stadt, die äußerlich wie eine europäische mittelalterliche Kleinstadt aussieht.

Oberstes Gebot des Gemeinwesens ist die völlige Freiheit der dort Lebenden; jeder bekommt seine Wünsche erfüllt.

Geld hat seine Bedeutung verloren, da jeder alles bekommen kann, was er haben möchte, ohne dafür arbeiten zu müssen.

Doch als der Maler seinen Schulfreund aufsuchen möchte, wird ihm der Weg durch eine unüberwindbare Bürokratie versperrt.

Schon bald fühlen er und seine Frau sich unbehaglich, da die völlige Freiheit in der Stadt zu beinahe chaotischen Zuständen geführt hat. Gegen diese Zustände und das Regime des Gründers führt ein Neger einen einsamen Kampf. Bei einer Kundgebung will er ein Attentat auf den Herrscher verüben, es stellt sich aber heraus, daß dem Volk nur eine Puppe gezeigt wurde.

Es kommt zu einem Aufruhr, in dessen Verlauf sich der Herrscher das Leben nimmt und die ganze Stadt in die Luft sprengt.
4. Thematik
Schaaf hat einen expressionistischen Roman verfilmt, ohne Rücksicht darauf, daß Kubin in seinem Roman die Gesellschaft vor der Zerstörung durch ein Übermaß an praktizierter Individualität bewahrt wissen möchte.

Konfrontation von individuellem Bedürfnis und gesellschaftlicher Notwendigkeit ist demnach das Thema von Schaafs Film.
5. Darstellungsweise
Schaaf erweckt in diesem Film den Anschein, den Schlußpunkt zu einer Trilogie setzen zu wollen, die er mit ‚Tätowierung‘ begonnen hatte, einem etwas zu eng umgrenzten Versuch, die ständige Konfrontation von Individuum und gesellschaftlichen Normen und Werten und die Zerstörung des Individuums durch diese darzustellen. Diese Trilogie setzte er mit ‚Trotta‘ fort, in dem er bereits abstrakter und allgemeingültiger eine bestimmte Klasse vorstellt, die Anspruch auf Individualismus in einer Massengesellschaft zu haben meint und notwendigerweise an diesem Anspruch zugrundegeht.

In ‚Traumstadt‘ zeigt er nun umgekehrt, daß ein totaler Individualismus die Existenz der Gesellschaft von vorneherein negiert.

Schaaf konnte Kubins Roman nahezu ohne Veränderung übernehmen; er erlaubt sich nur eine einzige Variante: Gegen den Beherrscher der Stadt kämpft ein einzelner Neger, Sinnbild einer Situation, in der sich morgen oder schon heute die hochzivilisierten Staaten den unterentwickelten Ländern gegenüber sehen können. Ansonsten hatte schon Kubins Roman in einer Gesellschaft, in der allen Mitgliedern jeder Wunsch erfüllt wird, in der jeder nach seinen Vorstellungen leben kann, die aber beispielsweise den Kranken rücksichtslos aussondert, eine Situation gespiegelt, auf deren Schwelle unsere Gesellschaft durchaus steht.

Gestaltung

Schaaf hat in seinem Film gestalterische Elemente stark den Gesamteindruck bestimmen lassen. Der Kontrast zwischen dem hektischen München und der scheinbar verträumten Ruhe der Traumstadt; der Besuch des Malers im Zoo, wo jeder seinen sexuellen Wünschen nachgeht; der Putschversuch des Negers – alles Elemente, die der Roman nicht enthält, die aber die Intention des Regisseurs verdeutlichen, seinen Film auf das Spannungsverhältnis von individueller Freiheit und gesellschaftlichen Normen eines Systems auszurichten.

Der Film arbeitet sehr stark mit den Elementen der Musik Schoeners und den Kameraeffekten Vandenbergs.

6. Auswertung

‚Traumstadt' ist genau genommen ein didaktischer Film.

Sein Thema ist die oft gestellte Frage, inwieweit in einem modernen Gesellschaftssystem persönliche Freiheit eingeschränkt werden darf. Schaaf argumentiert von der entgegengesetzten Seite wie etwa Orwell in 1984.

Er zeigt eine Utopie, einen Bereich, wo die größtmögliche Freiheit des Einzelnen gewährleistet ist, und beweist, daß die Zerstörung des Zwangs durch Normen und Gesetze unmittelbar auch die Zerstörung des einzelnen zur Folge hat.

So warnt der Film sicherlich nicht zu unrecht vor einer Eskalation der modernen Konsumgesellschaft bis zur Selbstvernichtung.

7. Bewertung

Schaaf hat in seinem Film ein Thema behandelt, das von großer Relevanz ist: das Maß von Individualität in der modernen Gesellschaft. Er hat zur Darstellung die Form der Utopie gewählt und verlegt die Handlung in eine zeitlich nicht einzugrenzende gegenwartsnahe Gesellschaft. Gestalterisch ist der Film an neuen Beispielen des Horrorgenres orientiert.

Die Handlung des Films verbleibt jedoch zu sehr im Abstrakten und Symbolischen, als daß praktische Erkenntnisse über bestimmte gesellschaftliche Phänomene gewonnen werden könnten oder auch konkrete Aussagen über die Relation gesellschaftliche Norm – individuelle Freiheit zu entnehmen wären.

8. Kritik

‚Traumstadt' gehört zu den Filmen, die ein gewähltes Thema um der filmischen Mittel willen zu pauschal und traumwelthaft behandeln, als daß unmittelbare Handlungsanstöße vermittelt werden könnten.

Damit bleibt die Rezeption eines solchen Films Kinoerlebnis, der Transfer in die Realität kann nicht ohne weiteres geleistet werden.

Analyse von Dokumentarfilmen ist erst in letzter Zeit zu einer theoretisch gleichwertigen Form der Filmanalyse neben die Form der Fiction-Film-Analyse getreten. In der Praxis steht sie aber weit unter dieser an, weil ihr die Attraktivität des „Interpretierens" fehlt.

6.3.1 Das Grundmuster der Analyse

Die Analyse von Dokumentarfilmen legt ein Schwergewicht der Fragestellung auf den Bereich der filmischen Gestaltung. Dies geschieht deshalb, weil durch die gestalterischen Möglichkeiten die im Dokumentarfilm festgehaltene Realität manipuliert wiedergegeben werden kann. Selektion, Akzentuierung und Kombination sind die drei Grundprinzipien von gestalterischer Bearbeitung dokumentarischen Filmmaterials. Dabei ist eine Manipulation möglich bei der filmische Aufnahmen durch Kamerastandpunkt, Einstellungsgröße, Kamerabewegung etc., beim Schnitt durch Kürzen von Einstellungen, Montageformen, Änderung von Sequenz folgen etc., und bei der Vertonung durch Ersetzen des Originaltons, Zuordnung von Kommentaren zu Einstellungen, Verwendung von Musik etc.[73].

6.3.2 Der Begriff der filmischen Fehlleistung als Hauptkriterium

Der Begriff der filmischen Fehlleistung ist als Terminus in der Filmanalyse recht neu. Sicher ist damit eines der Hauptkriterien in der Dokumentarfilmanalyse bezeichnet.

Es ist gezeigt worden, daß Dokumentarfilme manipulativ angelegt sein können, d.h. daß eine objektive Darstellung des Gegenstandes nur vorgetäuscht wird, in Wirklichkeit aber durch geschickten Einsatz von Gestaltungsmitteln die Einstellung des Filmherstellers an den Zuschauer vermittelt wird.

Die Theorie der filmischen Fehlleistung besagt nun, daß eine solche Auswahl von Gestaltungsmitteln durch den Filmhersteller nicht bewußt geschieht, sondern daß seine Einstellung zu dem filmisch behandelten Gegenstand unbewußt in die Auswahl der Gestaltungsmittel eingegangen ist[74].

Beispiel der Analyse eines Dokumentarfilms

Film: ‚Katutura' (SCHWEIZER/Schweiz 1973).
Methode: Aussagenanalyse.

1. Bedeutung
,Katutura' ist der erste Film über die Rassendiskriminierung in Südafrika, der die Rolle der christlichen Kirche bei der Unterstützung der Apartheidpolitik kritisch untersucht.
2. Vergleichsfilme
Heart of Apartheit (Burnett), End of the Dialogue (Mahomo), Witnesses (Knight), Vukani (Ngakane).
3. Inhalt
Katutura schildert die Situation der schwarzen Bevölkerung an den Arbeitsplätzen, in den Ghettos, den ,Homelands' und anderen Orten der praktizierten Rassendiskriminierung.

Der Film prangert die Unterstützung der europäischen Nationen mittels Investitionen für das südafrikanische Regime an und fordert die Kirchen auf, nicht eine eigene Apartheitpolitik zu fördern, bzw. den bestehenden Diskriminierungen zuzusehen, sondern aktiv gegen Unterdrückung und Rassismus einzutreten.
4. Einführung
,Katutura' ist die Bezeichnung der Schlafstädte der schwarzen Bevölkerung in der Nähe großer südafrikanischer Ansiedlungen. Diese Städte, z. B. Soweto bei Johannesburg, liegen 20 bis 30 km vom Stadtzentrum entfernt und weisen einförmige Hütten ohne Anschluß an Strom und Kanalisation auf.
5. Thema
,Katutura' unterscheidet sich in der Thematik von anderen Filmen über die südafrikanische Republik dadurch, daß die Akzente hauptsächlich auf die Rolle der christlichen Kirchen und die Position der afrikanischen Religionen gesetzt sind.
6. Darstellung
Neben allgemeinen Schilderungen der sozialen Benachteiligung der farbigen Bevölkerung in der südafrikanischen Union wird mehr beiläufig die Rolle der europäischen und amerikanischen Investoren erwähnt, durch deren Hilfe das System der Apartheid gestützt wird, indem Firmen dort Industriezweige arbeitsintensiver Art ansiedeln und eine große Menge billiger schwarzer Arbeitskräfte einkaufen, und darauf hingewiesen, daß die christlichen Kirchen durch eine Unterstützung oder Ignorierung der Unterdrückung der farbigen Bevölkerungsteile mittels der Apartheidpolitik ihrer Aufgabe nicht gerecht werden können.
7. Gestaltung
Die Gestaltung des Films läßt offensichtliche Mängel zutage treten:
a) Kameraeinstellung:
Der Film weist erstaunlich viele Totalen und Großeinstellungen auf. Von insgesamt 23 Sequenzen haben 21 mehr als zwei Totalen und Großeinstellungen. Von 117 Einstellungen sind 43 Weit, Totale oder Halbtotale-Einstellungen, 30 Groß, Ganz Groß und Detail-Einstellungen und nur 38 Halbnah und Nah-Einstellungen.

Eine Zuordnung zu den einzelnen Sequenzen zeigt:

Bei der Darstellung des Elends der schwarzen Bevölkerung (12 Sequenzen) werden vornehmlich Totale-Einstellungen verwandt (28 Einstellungen), bei der Darstellung von sozial besser gestellten Schwarzen an Maschinen etc. und weißen Südafrikanern werden vornehmlich Großeinstellungen verwandt (27 Einstellungen).

Damit wird das Elend für den Zuschauer auf Distanz gehalten, der Fortschritt wird ihm unmittelbar vor Augen geführt.

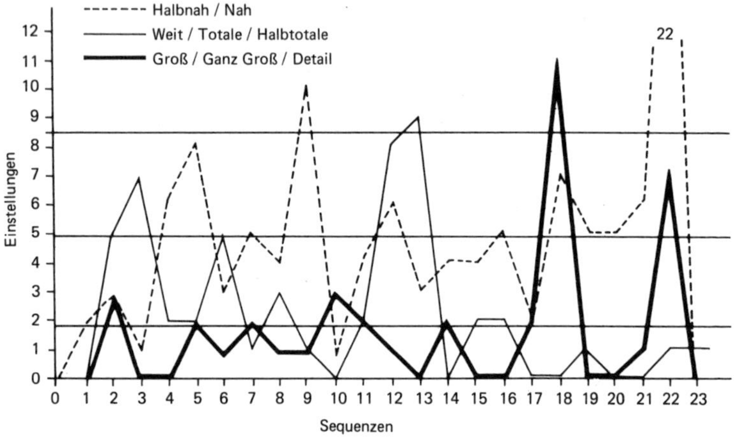

Montage
Die Einstellungen des Films sind in ungewöhnlich schneller Folge aneinandergeschnitten. Die durchschnittliche Länge einer Einstellung beträgt 6,8 Sekunden. Dies ist bei einem Dokumentarfilm, der unbekanntes Bildmaterial zeigt, zur Information zu wenig. Ferner wird bei der Montage das Prinzip des Chiasmus in unsinnig starker Form angewandt; jede Einstellung wird mehrfach durch eine andere unterbrochen. Dies gilt besonders für Einstellungen, in denen keine Bewegung im Bild sichtbar ist. Das führt zu einer unnötigen optischen Aufreizung.
Kommentar
Der Kommentar des Films ist durch die Bilder nicht unterstützt. Die optische und die akustische Information weichen voneinander ab. Darüber hinaus beschreibt der Kommentar zwar die miserablen Lebensbedingungen der Schwarzen, hebt aber immer wieder einzelne Verbesserungen hervor und stellt die Situation der Bevölkerung als unabwendbares Schicksal hin.
Auswertung und Aussage
Unter diesen Aspekten bleibt die Aussage bei allen ansatzweise vorhandenen kritischen Momenten weitgehend unprofiliert. Der geschilderten Situation und den aufgezeigten Hintergründen wird eine Aufzählung des scheinbaren

sozialen Fortschritts in Form von ausländischen Almosen entgegengestellt. Durch die Plazierung des letzteren am Ende des Films wird die Wirkung des Ganzen eindeutig zugunsten der positiven Aspekte verschoben, so daß durch die Aussage des Films eine Motivation zur kritischen engagierten Weiterbeschäftigung mit dem Thema unwahrscheinlich ist.

Bewertung

,Katutura' will unter westlichen Zuschauern Verständnis und Engagement für die soziale Lage der Südafrikaner erzeugen. Durch fehlerhaft ausgewählte gestalterische Mittel erzeugt der Film jedoch lediglich einen unverbindlichen Eindruck und oberflächliche Information.

Kritik

,Katutura' wird sicherlich nicht zu einer emotionalen Stellungnahme für die Rechte der schwarzen Südafrikaner anregen, sondern die bereits vorhandene Haltung von Unbeteiligtsein beim Zuschauer festigen.

7. Zur Didaktik der Filmanalyse

7.1 Die Vermittlungsintention

Der *Lerngegenstand* der Filmanalyse im Unterricht ist – im Gegensatz zu manchen anderen Lernprozessen – ein alltäglicher, insofern als Filme Kindern und Erwachsenen aus Fernsehen und Kino vertraut sind. Nach Häufigkeit und Art der Rezeption und Art der Filme lassen sich unterschiedliche Rezipientengruppen festlegen. Bei homogenen Gruppen kann das Analysetraining mit der Untersuchung der Aussageintention, bei inhomogenen Gruppen mit der Untersuchung der Wirkung beginnen[75].

In der Regel wird ein Film zunächst in voller Länge gezeigt, dann die Analyse angeschlossen. Allerdings entspricht die Filmrezeption meist einem Freizeitverhalten, die Analyse soll dagegen Erkenntnisse vermitteln, was bei Wirkungsuntersuchungen zu beachten ist[76].

Als Vermittlungsthemen empfehlen sich 5 große Themenkomplexe aus folgenden Bereichen: a) der Kommunikationskunde (Film im Kommunikationsfeld, als Code)[77], b) der visuellen Kommunikation (Film als Kunst)[78], c) der Literaturkunde (Vergleich mit Theater, Literatur)[79], d) der Sachdarstellung (Sachthemen im Film)[80], e) der Filmforschung (Teilaspekte, Aufbau, historische Einordnung von Filmen)[81].

Hilfen bei der Filmanalyse sind medienkundliche Film- und Fernsehsendungen sowie filmdidaktisches Material.

Die Vermittlung filmanalystischer Techniken kann in drei Stufen erfolgen: Als Vermittlung a) von Grundkenntnissen an Material mit speziellen Fallbeispielen,[82], b) von Arbeitstechniken,[83], c) im Analysetraining.

7.2 Der Vermittlungsprozeß

7.2.1 Lernziele

a) Leit- und Richtziele: Filmanalyse soll – ebenso wie Sprach- und Literaturunterricht – die kommunikative Kompetenz fördern. Die Lernenden sollen hierbei bestimmte Kommunikationskodes verstehen oder beherrschen lernen, um den diese Codes verwendenden Medien bewußt und kritisch begegnen zu können[84]. Das Leitziel kann bei den verschiedenen Adressatengruppen in verschiedenen Richtzielen verwirklicht werden; sie erstrecken sich von der Vermittlung der Fähigkeit, manipulative Strukturen in Medien zu erkennen, über die Fähigkeit, die Realisierung einer medialen Vermittlung in ihren einzelnen Elementen kritisch beurteilen zu können, bis zur Fähigkeit, selbst Kommunikate im jeweiligen Medium herzustellen[85].

b) Grob- und Feinziele: Grobziele der Medienanalyse sind im wesentlichen die Vermittlung von Wissen über die historische Entwicklung der Medien, über ihre ökonomische Situation, ihre technische Herstellung, ihre Bedeutung im gesellschaftlichen Kommunikationsprozeß, ihre Rezeption und Wirkung sowie Kenntnisse über ihre semantischen und syntaktischen Elemente, ihre Aussagemöglichkeiten, über Methoden zu ihrer Analyse und über Techniken zur Analysepraxis.

Die Feinziele sind gekennzeichnet durch das Erlernen einer bestimmten Methode oder Technik und dem Prozeß des Einübens.

7.2.2 Die Lernzielstrategie

a) Lernstrecken und Lernschritte

Die einzelnen Lernstrecken bei der Vermittlung von Kenntnissen über Filmanalyse können folgendermaßen gegliedert werden:[86]

- Einführung in Grundfragen der Kommunikation
- Grundlagen der Theorie der Massenkommunikation
- Filmproduktion und Filmdistribution
- Grundlagen der Morphematik und Semantik des Films

- Einführung in die achronen Methoden
- Praxis einer ausgewählten Methode
- Einführung in die synchronen Methoden
- Praxis einer ausgewählten Methode
- Einführung in die diachronen Methoden
- Praxis einer ausgewählten Methode

Im Vermittlungsprozeß werden wahrscheinlich, je nach Zeit und inhaltlichen Schwerpunkten, wenigstens drei der Lernstrecken untereinander verbunden. Die Lernschritte werden in ihrer Größe davon abhängig sein, wie verwandt die bereits vorhandenen Informationen mit dem Vermittlungsthema Filmanalyse sind.

b) Operationalisierung

Die Operationalisierung bestimmter Fernlernziele hängt in erster Linie von den Möglichkeiten der systematischen Arbeit bei der Filmanalyse ab. Alle descriptiven Methoden und damit alle daraus resultierenden Operationen, wie etwa die Auszählung von bestimmten Einstellungen, erfordern eine längere Einsetzbarkeit der Filmkopien und das Vorhandensein bestimmter Geräte wie Schneidetische, Laufbildbetrachter oder Standbildprojektoren[87].

8. Methodik der Filmanalyse

8.1 Vermittlungsverfahren

8.1.1 Vermittlungstechnik

Die Vermittlungstechnik der Filmanalyse ist eine Kombination aus verschiedenen Medien:[88] Filmbeispielen, verbalem Vortrag, Grafik, Druckmedien, Video.

Dazu kommt unter Umständen der Einsatz vorgefertigter Medien zur Abdeckung bestimmter Lernstrecken wie Film und Fernsehen.

8.1.2 Vermittlungsweisen

Bei der Vermittlung von Kenntnissen über Filmanalyse sind mehrere Methoden möglich. Die wohl am häufigsten praktizierte Methode ist die ganzheitlich-analytische Methode, bei der ausgehend von der Rezeption eines vollständigen Films einzelne Elemente isoliert werden, eine theoretische Erläuterung der dabei wesentlichen Phänomene und Untersuchungskriterien folgt und abschließend die gewonnenen Einzelergebnisse wieder bei einer abschließenden Gesamtrezeption überprüft und zusammengefaßt werden. Diese Methode bietet sich in den meisten Fällen als die praktikabelste an, sie hat außerdem den Vorteil, daß sie am meisten motivierend für den Einstieg in den Lernprozeß ist[89].

Eine weitere mögliche Methode ist die elementhaft-synthetische Methode, bei der ausgehend von der Vermittlung von Kenntnissen über partielle Bereiche (Kameraführung, Ton, Schnitt, etc.) und der Analyse ausgewählter Beispiele dazu erst am Schluß des Vermittlungsprozesses ein komplexes Beispiel analysiert wird. Diese Methode eignet sich nur für Lernprozesse mit einer größeren Anzahl von abgeschlossenen Lernstrecken[90].

Eine dritte Methode ist die Projekt-Methode, bei der durch praktische Übung bestimmte Lernschritte erarbeitet werden. Diese Methode ist die interessanteste, bedarf aber einer guten technischen Ausstattung und vor allem eines versierten Vermittlers. Trotzdem ist die Methode besonders bei der Vermittlung an jüngere Adressaten zu empfehlen[91].

8.2 Vermittlungsformen

8.2.1 Sozialformen

Als Sozialform für die Vermittlung von Kenntnissen über Filmanalyse wird am sinnvollsten der Wechsel von Plenums- und Kleingruppenarbeit gewählt. Während, spezifiziert nach den verschiedenen möglichen Aktionsformen, im Plenum der Vortrag des Vermittlers, die Auswertung der Arbeitsergebnisse der Kleingruppen, die Rezeption des Analysefilms erfolgt, haben die Kleingruppen die Aufgabe, bestimmte Daten zu sammeln, einzelne Untersuchungsschritte durchzuführen, nach verschiedenen Methoden zu arbeiten, usw.

Beide Sozialformen sollten Bestandteil jedes Vermittlungsverfahrens im Bereich der Filmanalyse sein.

Dabei sollte ihr Verhältnis zueinander etwa 30 % zu 70 % betragen.

Die Kleingruppen sollten etwa 3 bis 7 Mitglieder haben[92].

8.2.2 Aktionsformen

Neben der Form des Vortrags und der Form der Arbeit an vorproduziertem Material gehört als dritte Aktionsform die Produktion zu einer der wichtigsten Methoden der Medienpädagogik. Während sie bei der Medienerziehung im Vordergrund steht, kommt ihr bei der Medienanalyse sekundäre Bedeutung zu. Trotzdem wird die Analyse vorproduzierten Materials leichter und auch effektiver, wenn durch Simulation einer Medienproduktion und durch die Möglichkeiten, Information medial zu transportieren und einzelne Aussagen in der spezifischen Darstellungsweise des jeweiligen Mediums zu formulieren, die gesamte Struktur des Mediums sichtbar wird. Die technischen Möglichkeiten, die Video heute bietet, lassen eine solche Produktion relativ einfach werden. Der große Vorteil dieser Technik ist es vor allem, daß die erstellten Produkte sofort wiedergegeben werden können. Ferner ist ein weiterer Vorteil in der Möglichkeit zu sehen, in eine eigene Videoproduktion vorproduzierte Materialien, wie Filme, Dias, Fernsehaufzeichnungen, etc. einzuarbeiten und zu verändern. Dadurch kann mit relativ geringem technischen und zeitlichen Aufwand ein hohes Maß an praktischer Erfahrung mit der Vermittlung mit Hilfe des filmischen Code gewonnen werden[93].

Beispiel einer Analyse

‚12 Uhr mittags'

I. Daten zum Film

Zwölf Uhr mittags (High Noon)
USA 1952
Prod.: Stanley Kramer
Verleih: United Artists
Regie: FRED ZINNEMANN
Buch: Carl Foremann
nach John W. Cunningham ‚The Tin Star' (Erz.)
Kamera: Floyd Crosby
Schnitt: Elmo Williams, Harry Gerstad
Musik: Dimitri Tiomkin
Titelsong ‚Do not forsake me, oh my Darling' (Tex Ritter)
Darsteller: Gary Cooper (Will Kane), Grace Kelly (Amy Kane), Lloyd Bridges (Harvey Pell), Katy Jurado (Helen Ramirez), Thomas Mitchell (Jonas Henderson), Henry Morgan (William Fuller), Bob Wilke (James Pierce),

Lee van Cleef (Jack Colby), Sheb Woodley (Ben Miller), Jan McDonald (Frank Miller).
Laufzeit 85 Min. Schwarzweiß Normalformat.

Inhalt

Sheriff Will Kane heiratet die Quäkerin Amy. Sie wollen den Ort verlassen.

Während der Trauung erreicht sie die Nachricht, daß Frank Miller, ein Bandit, den Kane vor Jahren festnahm, begnadigt worden ist. Drei seiner Freunde warten bereits am Bahnhof, um ihn am Mittagszug zu empfangen.

Kane wird bedrängt, den Ort schnellstens zu verlassen, er aber entschließt sich, die Konfrontation stattfinden zu lassen. Auf der Suche nach Helfern im Ort wird er enttäuscht. Schließlich steht er den drei Banditen alleine gegenüber.

Durch die Hilfe seiner Frau gewinnt Kane den Kampf.

II. Didaktische Vorüberlegungen

1. Die Zielgruppe für die Analyse

Eine Analyse von 12 Uhr mittags wird sich am leichtesten mit männlichen Jugendlichen durchführen lassen; sie sind vorwiegend Rezipienten des Genres Western und kennen den Film zumeist von seinem guten Ruf her.

Weibliche Jugendliche werden evtl. durch eine Vorbesprechung der Story, besonders der Verhältnisse der Frauen (Amy Kane und Helen Ramirez) motiviert.

Erwachsene können über die Informationen zur Rezeptionsgeschichte des Films (gute Kritiken, Erwähnung in Filmgeschichten, usw.) motiviert werden.

2. Die Lernziele

a) Leitziel

Leitziel einer Analyse von ‚12 Uhr mittags‘ wird es sein, Verständnis für das Medium Film, die Funktion von Kino und die mediale Aufarbeitung gesellschaftlicher Prozesse zu vermitteln.

b) Richtziele

Richtziele einer Analyse von ‚12 Uhr mittags‘ können sein
- Einführung in die filmhistorische Bedeutung des Genres Western
- Einführung in die Struktur eines Spielfilms
- Diskussion eines sozialpsychologischen Phänomens am Filmbeispiel
- Diskussion der Darstellung gesellschaftlicher Prozesse im Hollywoodfilm der fünfziger Jahre.

c) Grobziele

Folgende Groblernziele können einer Analyseeinheit zugrunde gelegt werden:
- stereotype Handlungsstrukturen im Western am Beispiel ‚12 Uhr mittags‘
- Western als Trivial-, Kunst- und Diskussionsfilm anhand von ‚12 Uhr mittags‘ und evtl. weiteren Beispielen
- ‚12 Uhr mittags‘ als Beispiel für Kameraführung und Montage im Spielfilm
- die Musik Tiomkins für ‚12 Uhr mittags‘ als Beispiel für eine spezifische Form der Hollywoodmusik neben anderen

- die Dramaturgie eines ‚Happy-End-Films' am Beispiel der Handlungsstruktur von ‚12 Uhr mittags'
- wahrnehmungspsychologische Momente im Action-Film am Beispiel ‚12 Uhr mittags'.
- Analyse kollektiven Verhaltens in sozialen Gemeinschaften am Beispiel der Story von ‚12 Uhr mittags'
- ‚Mut' als Schlagwort und seine Darstellung im Trivialwestern, in ‚12 Uhr mittags' und in kritischen Western (‚Stern des Gesetzes')
- Darstellungsweisen der Frau im amerikanischen Western und im Spielfilm der 50er Jahre
- Aggression und Gewalt, ihre Funktion und Rechtfertigung in der Darstellung durch den Western
- Western und ihre Mentalität als Spiegelbild amerikanischen Selbstverständnisses
- Kinowestern als Vermittler von Werten und Normen in der modernen Industriegesellschaft
- ‚12 Uhr mittags' als Parabelstück zu einer gegebenen historischen Situation
- ‚12 Uhr mittags' als historisch getreue Wiedergabe einer bestimmten Epoche amerikanischer Geschichte

III. Grundinformationen zur Analyse

1. Die filmgeschichtliche Bedeutung

‚12 Uhr mittags' gilt in der Filmkritik als der Film, der das Genre Western auf die Ebene der ‚Diskussionsfilme' gehoben hat. Dies gilt sowohl für die Thematik des Films als auch für seine formalen Elemente.

Der Film erhielt 3 Oscars, das Prädikat ‚besonders wertvoll' und zahlreiche weitere Auszeichnungen.

2. Literaturangaben:

Hembus, Joe: Zwölf Uhr mittags. Beiheft zum Film. München 1964.
Filmanalysen 1. Düsseldorf (Verlag Haus Altenberg) 1961.
Besonders wertvoll. Wiesbaden (Filmbewertungsstelle) 1959.
Arbeitshinweise der BAG (Langfilmbesprechungen XXVI) Aachen 1978.
Mohrhof, Siegfried: Filmgespräche mit Jugendlichen. München 1960.
Filmkritik (München 1957ff.) 5/59, 4/65.
Evangelischer Filmbeobachter (München, 1948ff.)
Katholischer Filmdienst (2.376/1953)
Jugend-Film-Fernsehen (München 1959ff.)
Baier, Eberhard: Der Western. Aachen 1971.
Chiattone, Antonio: Il Film Western. Biblioteca Cinematografica.
Blumenberg, Hans. C.: Wanted. Düsseldorf 1970.
Cahiers du Cinema. No 9, No 54. Paris.
Etudes Cinematografiques. No 12–13. Paris.
Fenin, Georges u. a.: The Western from Silent to Cinerama. New York 1962.
Horizons West. Cinema One Nr 12. London.

Ford, Charles: Histoire du Western. Zürich 1964.
Hembus, Joe: Western Lexikon. München 1976.
Prodolliet, Ernest: Kleines Lexikon des wilden Westens. Zürich 1963.
Rieupeyrout, Jean Louis: Der Western. Düsseldorf 1963.
Stammel, Hans Josef: Der Cowboy. Berlin/München/Wien 1972.
Univers du Western. Collection Seghers, Paris 1972.
Warman, Eric: Westerns. London 1964.
Warshow, Robert: Les Heros de Western. o.O. 1952.
Le Western. Paris 1966. (10/18 Union Generale d' Edition).
Dokumentation zur Westernretrospektive der Kurzfilmtage. Oberhausen 1965.

3. Vergleichsfilme

Frontier Marshall (Seiler 1934), Dodge City (Curtiz 1939), Der Westerner (Wyler 1940), Der Ritt zum Ox-Bow (Wellmann 1943), Tombstone (Ford 1964), The Naked Spur (Mann 1952), Silver Lodge (Dwan 1954), Wichita (Tourneur 1955), Tribute to a Bad Man (Wise 1955), The Proud Ones (Webb 1955), The Brass Legend (Oswald 1956), Man from Del Rio (Horner 1956), The Lone Ranger (Heisler 1956), Stern des Gesetzes (Mann 1957), Gunfight at the O.K. Corall (Sturges 1957), Day of the Bad Man (Keller 1957), Last Train from Gun Hill (Sturges 1958), Rio Bravo (Hawks 1959), Warlock (Dmytryk 1959), Denen man nicht vergibt (Huston 1960), Einsam sind die Tapferen (Miller 1962), The Wild Westerners (Rudolf 1962), Big Jake (Sherman 1971).

4. Der Regisseur

Fred Zinnemann, 1907 in Wien geboren, war einer der ersten Regisseure der damaligen Zeit, die Filmtechnik studiert haben. Nach Abschluß seiner Ausbildung in Paris war er Assistent bei dem berühmten Kameramann und Filmtechniker Eugen Schüfftan (Metropolis). Er wurde beteiligt an dem Film ‚Menschen am Sonntag' und arbeitete nach seiner Auswanderung in allen Bereichen des Hollywoodfilmschaffens, sogar als Darsteller in ‚Im Westen nichts Neues'.

Ende der dreißiger Jahre drehte er ungezählte Dokumentar-, Lehr- und Propagandafilme. Danach 1944 die Spielfilmversion des Romans von Anna Seghers ‚Das siebte Kreuz'.

1948 kehrte er nach Deutschland zurück und drehte ‚Die Gezeichneten', ein Flüchtlingsschicksal.

Er geht nach Hollywood zurück und behandelt ein Jahr später erstmals eine ‚12 Uhr mittags' verwandte Thematik in ‚Act of Violence', der Geschichte eines Kriegheimkehrers, der sich an einem Kameraden wegen fahrlässigen Tötens anderer Soldaten rächen will.

In den folgenden drei Jahren greift er in ‚Die Männer', ‚Teresa' und ‚Verdammt in alle Ewigkeit' das Thema Krieg auf. Mit ‚12 Uhr mittags' beginnt er, die in seinen früheren Filmen schon thematisierte Problematik der Entscheidung des Einzelnen, für sich oder die Gemeinschaft zu handeln, in den Mittelpunkt zu stellen. In den 10 Jahren zwischen 1956 und 1967 entstehen die Filme ‚Geschichte einer Nonne', ‚Giftiger Schnee' und ‚Ein Mann zu jeder Jahreszeit'.

IV. Analyse

1. Untersuchung der Thematik

a) Mit dem Verfahren der psychologischen Analyse.

Thema des Films ‚12 Uhr mittags' ist, oberflächlich gesehen, der Mut des Einzelnen und die fehlende Solidarität und das soziale Engagement der Vielen.

So scheint auch der Identifikationsprozeß, den der Film beim Zuschauer einleitet, eindeutig: es gibt die Bösen, die vier Banditen, Harvey, den Saloonwirt, die Opportunisten, den Friedensrichter, den Barbier, den Pfarrer, die Guten, Kane, Helen Ramirez, Jonny...

Doch spätestens bei der Diskussion in der Kirche wird deutlich, daß das Verhalten Kanes nicht so eindeutig motiviert ist.

Ohne Zweifel haben es die Banditen auf ihn persönlich abgesehen; würde er fliehen, bliebe die Stadt von der Auseinandersetzung verschont.

Eigentliches Thema des Films ist also nicht der Mut Kanes, sondern die mangelnde Bereitschaft der Bürger von Hadleyville, den persönlichen Einsatz Kanes während seiner Amtszeit für die Stadt nun mit persönlichem Einsatz für das Leben Kanes zu vergelten.

In der Thematik des Films ist demnach der Appell an die Zuschauer enthalten, die eigenen Haltungen und Einstellungen zum sozialen Engagement zu überprüfen und die eigene Sicherheit zugunsten der gerechten Sache aufs Spiel zu setzen.

b) Mit dem Verfahren der soziologischen Analyse

Die Kinowelt ist eine Ersatzwelt. In ihr vollzieht sich für den Zuschauer das Maß an Abenteuer und Gerechtigkeit, das ihm in der Eintönigkeit und Ungerechtigkeit seiner alltäglichen Umwelt fehlt.

So geschieht denn auch in ‚12 Uhr mittags' das Unwahrscheinliche: der bereits durch eine Schlägerei geschwächte Sheriff Kane besiegt vier Banditen.

So präzise der Film sonst aufgebaut ist, so verschwommen bleibt die Logik dieses Sieges.

Das Happy-End des Films ist deshalb eine thematische Notwendigkeit, die das Kinoerlebnis als wichtigen Bestandteil des Freizeiterlebnisses unserer Gesellschaft gewährleistet.

In der Thematik des Films ist der kathartische Effekt einer Happy-End-Story als Kinoerlebnis integriert.

c) Mit dem Verfahren der marxistischen Analyse

In den fünfziger Jahren muß sich die amerikanische Regierung immer stärker gegenüber kritischen Äußerungen aus der Bevölkerung das militärische Engagement der USA in der Auseinandersetzung zwischen Nord- und Südkorea rechtfertigen.

Die USA prägen den Slogan von der moralischen Verpflichtung, die freie Welt gegen die Gefahr des Kommunismus zu schützen. Ähnliches geschieht, als Kennedy in den sechziger Jahren gegenüber den Kritikern an der amerikanischen Vietnampolitik sagt: ‚Fragt nicht, was der Staat für euch tun kann – fragt, was ihr für den Staat tun könnt!'.

‚12 Uhr mittags' vermittelt die Ideologie der amerikanischen Außenpolitik der fünfziger und sechziger Jahre.

Sein Thema ist eine staatsbürgerliche Lektion im Sinne eines spätkapitalistischen Imperialismus.

d) Mit dem Verfahren der Aussagenanalyse
Das Thema von ‚12 Uhr mittags' und die Konzeption der Handlung machen Rückschlüsse auf die Aussageintention des Regisseurs nicht schwierig.

Die Aussage besteht in einem Appell an den Zuschauer, das exemplarisch vorgeführte Geschehen zu begreifen (der Film gibt vor allem in den Äußerungen des Friedensrichters genügend Ansätze dazu), die Parallelen im eigenen Verhalten zu erkennen und anders zu handeln. Das Thema ‚Einer für alle – alle für einen' wird vom Regisseur als appellative Aussage formuliert.

2. Untersuchung der Darstellungsweise.

a) Mit dem Verfahren der filmografischen Analyse
Fred Zinnemann hat das Thema, das er in fast allen seinen Nachkriegsfilmen behandelt, nämlich die Entscheidung der Hauptfigur, ob sie für sich selbst oder die Gemeinschaft handeln soll, in ‚12 Uhr mittags' umgekehrt.

Nicht der Einzelne entscheidet hier, sondern die Gemeinschaft. Zinnemann macht jedoch deutlich, daß letztlich diese Gemeinschaft, die dem Sheriff Will Kane so erbarmungslos gegenübertritt, zusammengesetzt ist aus der Feigheit, dem Opportunismus, der Geldgier, der Korruptheit der Einzelnen, aus denen sie gebildet ist.

Bei genauerem Betrachten hat Zinnemann in seinen Filmen eine Entwicklung durchgemacht, die auf ‚12 Uhr mittags' zuläuft und dann wieder an seine früheren Filme anschließt.

Zum erstenmal ist es dem Zuschauer in einem Film Zinnemanns nicht möglich, seine Identifikation nur auf den Helden des Films zu verlegen, wie das in ‚Geschichte einer Nonne', ‚Der alte Mann und das Meer', ‚Verdammt in alle Ewigkeit', ‚Die Männer' und ‚Teresa' möglich war; er wird sich in gleicher Weise mit den Einwohnern von Hadleyville und ihren egoistischen Argumenten für ihr unsoziales Verhalten identifizieren müssen. Zinnemann ist mit diesem Film nach Jahren des moralischen Aufbaus durch seine Filme zum erstenmal wieder kritisch an seine Zuschauer als Staatsbürger und Mitmenschen herangetreten, so wie er es in seinen Vorkriegsfilmen, besonders den Kurzspielfilmen gegen Gewalt und Kriminalismus, getan hatte. Ein einziges Mal in seinem Filmschaffen benutzt er zur Darstellung das Genre, in dem Entscheidungen meist unabdingbar scheinen: den Western.

b) Mit dem Verfahren der filmhistorischen Analyse
Zinnemann hat aus den sechs großen Themen des Western – Eisenbahngeschichte, Militärgeschichte, Desperadogeschichte, Ranchergeschichte, Rächergeschichte und Sheriffgeschichte – die beiden letzten zur Darstellung seines Themas ausgewählt.

Er kehrt viele Stereotype des Western um – die Rächer sind die Bösen, nicht wie üblich die Guten, denen Unrecht geschehen ist – die Frauen sind die Handelnden, nicht wie üblich die Statisten – und er zeigt vor allem mit Präzision die Problematik des die Handlung im Western allgemein fundierenden Elementes ‚Mannesmut'. So dreht Zinnemann genau betrachtet einen Film gegen den Western, zumindest gegen die Selbstverständlichkeit, mit der in Trivialwestern (ja sogar in künstlerisch gestalteten Western) der Vollzug von Gerechtigkeit und das Funktionieren sozialer Institutionen im wilden Westen vorgetäuscht wird.

Auf der anderen Seite ist sein Film einer der wenigen vielleicht authentischen Western, da er eine Geschichte erzählt, die eben nicht nur im Wilden Westen passiert sein könnte, sondern immer – in Sparta, von dem der Friedensrichter erzählt, in Hadleyville, wo Zinnemanns Geschichte spielt, und überall heutzutage.

c) Mit dem Verfahren der Inhaltsanalyse

Der Film ‚12 Uhr mittags' umfaßt 66 Segmente, die im folgenden aufgelistet sind:

1. Ankunft der Banditen
2. Einwohner von Hadleyville in der Kirche
3. Reaktion der Leute auf der Straße
4. Reaktion der Leute im Saloon
5. Kanes Trauung vor dem Friedensrichter
6. Reaktion des Barbiers
7. Ankunft der Banditen am Bahnhof
8. Eintreffen des Telegrammes
9. Nach der Trauungszeremonie
10. Zwischenschnitt Uhr 10.40
11. Harvey bei Helen Ramirez
12. Abfahrt Kanes und Amys
13. Rückkehr Kanes und Amys
14. Zwischenschnitt Uhr 10.50
15. Der Friedensrichter reist ab
16. Zwischenschnitt Rachedrohung Millers
17. Die Banditen warten am Bahnhof
18. Harvey bei Helen Ramirez
19. Kane und Jonny
20. Kane und Harvey
21. Zwischenschnitt Uhr 11.03
22. Die Banditen warten am Bahnhof
23. Harvey bei Helen Ramirez
24. Zwischenschnitt Uhr 11.05
25. Amy im Hotel
26. Gottesdienst
27. Zwischenschnitt Uhr 11.07
28. Kane und Howe
29. Helen Ramirez und Weber
30. Helen Ramirez und Kane
31. Amy im Hotel
32. Harvey im Saloon
33. Kane im Büro
34. Kane im Saloon
35. Kane und Mrs. Fuller
36. Harvey bei Helen Ramirez
37. Kane in der Kirche
38. Die Banditen warten am Bahnhof
39. Kane verläßt die Kirche
40. Die Banditen warten am Bahnhof
41. Kane und spielende Kinder
42. Kane und der Ex-Sheriff
43. Zwischenschnitt Uhr 11.43
44. Amy besucht Helen Ramirez
45. Kane geht durch die Stadt
46. Harvey im Saloon
47. Harvey und Kane
48. Amy bei Helen Ramirez
49. Kane beim Barbier
50. Die Banditen warten am Bahnhof
51. Kane geht durch die Stadt
52. Kane und Howe
53. Kane und Jonny
54. Zwischenschnitt Uhr 11.55
55. Kane macht sein Testament
56. Zwischenschnitt Uhr 11.58

57. Ankunft des Zuges
58. Amy und Helen Ramirez fahren zum Bahnhof
59. Frank Miller kommt an
60. Kane erschießt den ersten Banditen
61. Amy verläßt den Zug
62. Kane erschießt den zweiten Banditen
63. Kane im Büro
64. Amy erschießt den dritten Banditen
65. Miller nimmt Amy als Geisel
66. Abfahrt Kanes und Amys.

Innerhalb des Films werden elf verschiedene Personentypen vorgestellt:
a) Sheriff Kane,
b) Amy,
c) Jonas Henderson,
d) William Fuller, Martin Howe, der Friedensrichter, die Kirchenbesucher,
e) der Pfarrer,
f) der Barbier,
g) Helen Ramirez,
h) Harvey Pell,
i) Jonny,
j) der Hotelverwalter und die Leute im Saloon,
k) Frank Miller und seine Leute.

Im Verlauf der Handlung werden die Personen charakterisiert:

Kane hatte Ordnung in den Ort gebracht. Sein Stolz läßt es nicht zu, daß in dem Augenblick, als er den Ort für immer verläßt, sein Widersacher erneut die Herrschaft im Ort übernimmt. Dazu kommt, daß er in seinem neuen Lebensabschnitt nicht der Gejagte sein will.

Amy mußt als Mädchen mit ansehen, wie Bruder und Vater, obwohl sie im Recht waren, bei einem Duell starben. Sie ist Pazifistin geworden, weil sie das Abwägen, wann Töten berechtigt ist und wann nicht, für unmoralisch hält. Aus Angst um ihren Mann ermordet sie jedoch einen Banditen.

Jonas Henderson bemüht sich, die Beweggründe Kanes zu verstehen. Aus Sorge um die Stadt rät er ihm trotzdem abzureisen. Seine Haltung bleibt für Kane unbegreiflich. Henderson repräsentiert diejenigen, die aus sachlichen Erwägungen Kane nicht helfen.

William Fuller und die anderen Bewohner von Hadleyville haben es nach der unruhigen Zeit der Herrschaft Millers zu Wohlstand und Familie gebracht. Sie wollen Ruhe und Sicherheit. Ihre Auffassung, daß sie an der Verhaftung Millers unschuldig sind, gibt ihnen die Überzeugung, daß sie von Miller verschont bleiben werden und daß die Flucht Kanes Miller aus der Stadt fernhalten werde.

Der Pfarrer sieht die Angelegenheit von einem außenstehenden dogmatischen Standpunkt. Er führt das 5. Gebot an und verurteilt letztlich diejenigen, die im Auftrag der Allgemeinheit Töten zu ihrem Beruf gemacht haben.

Der Barbier verkörpert den Typ des Opportunisten. Solange Kane die Herrschaft über den Ort behält, wird er ihn unterstützen, ohne aber selbst Gefahren einzugehen. Er denkt realistisch, läßt von seinem Gehilfen die vermutlich notwendige Anzahl von Särgen herstellen, was vermuten lassen könnte, er glaubt an den Sieg Kanes, wird aber mit Sicherheit im Falle eines Sieges von Miller diesen auch freundlich und hilfsbereit bedienen.

Helen Ramirez ist als farbige Prostituierte Außenseiterin in Hadleyville. Sie scheint die einzige zu sein, die die Persönlichkeit Kanes richtig einschätzen kann. Ihre Außenseiterposition und vor allem ihre Beziehung zu den drei Hauptpersonen veranlaßt sie dazu, sich der Konfrontation zu entziehen.

Harvey Pell ist ein ehrgeiziger Egoist. Ihn interessiert weder die Lage von Hadleyville noch die Situation Kanes. Mit seiner Beziehung zu Helen Ramirez glaubt er den ersten Schritt auf seine Anwärterschaft auf den Sheriffposten getan zu haben. Bei seinem Besuch im Saloon wird seine charakterliche Schwäche deutlich.

Jonny sieht in Kane das Idol von Mannhaftigkeit und Reinheit. Er will dem Sheriff helfen, weil er in seinem Schutz keine Gefahr für das eigne Leben sieht. Seine Hilfe ist spontan und unreflektiert.

Der Hotelverwalter und die Leute im Saloon hassen Kane, weil er ihnen durch seine Eingriffe und Reglementierungen gute Geschäfte verdorben hat. Für sie, die gegenüber den Bürgern in der Kirche den sozial niedrigen Stand vertreten, würde die Rückkehr Millers neues Ansehen durch das Faustrecht und ein gewisses Maß an Reichtum bedeuten.

Frank Miller und die drei Banditen verkörpern ohne nähere Charakterisierung das Böse.

Von den elf Personengruppen in ‚12 Uhr mittags' tauchen die sechs letzten in mehr oder weniger ähnlicher Charakterisierung in nahezu jedem Western auf. Sie ergeben das Handlungsgerüst und stellen die Topoi des Genres dar.

Die fünf ersten Personen und Personengruppen sind jedoch für einen amerikanischen Western nicht typisch (abgesehen von der Tatsache natürlich, daß die Figur des Sheriffs typisch für einen Western ist – es geht hier um die spezifische Charakterisierung Kanes).

Das Ungewöhnliche an diesen Personen ist, daß sie ihr Handeln in verschieden expliziter Form begründen und rechtfertigen. Im Western hingegen vollzieht sich das Handeln gewöhnlich nach innerhalb des Films nicht näher erläuterten Handlungsmustern und Interaktionsschemata.

Diese Tatsache läßt darauf schließen, daß Zinnemann als Darstellungsform für sein Thema den Western gewählt hat, um eine publikumswirksame Vermittlung zu erreichen.

Eine entsprechende Charakterisierung der genannten Personen wäre sicherlich auch in anderen Genres, dem Kriminalfilm, dem historisierenden Film, usw. möglich gewesen.

‚12 Uhr mittags' versucht in der Darstellungsform des Western eine Analyse sozialen Handelns. Er zeigt an den einzelnen charakterisierten Personen, daß soziales Handeln ausgeht von den Wertmaßstäben des Einzelnen, den Normen der sozialen Gemeinschaft und dem Vorhandensein einer legitimen Ordnung in Form von Institutionen. Wie sich nun die persönliche Einstellung der Einzelnen, ihre Wünsche und Ängste, ihr Egoismus und ihr Altruismus in der Konfrontation mit diesen kollektiven Verhaltensmaßstäben zu einer bestimmten Haltung, die dann das Handeln bestimmt, verbinden, stellt der Film präzise und eindringlich dar.

d) Mit dem Verfahren der strukturalistischen Analyse

Western ist ein Genre, das an seine Rezipienten den ständigen Vollzug von Gerechtigkeit, Anwendung von Recht und Gesetz und den Beweis von Mut und Aufopferung vermittelt; ein Bild, das die amerikanische Nation gerne als historisch reales Bild ihrer Vergangenheit sehen möchte und unter dem sie auch gegenwärtig ihre Demokratie und deren Innen- wie Außenpolitik von ausländischen Beobachtern bewertet wissen will.

Darstellung eines solchen Nationalbewußtseins war der Western eines John Ford, eines Howard Hawks, eines John Wayne vor allem, und natürlich die ungezählten Trivialwestern der Hollywoodproduktion innerhalb von 50 Jahren.

Sie alle waren gekennzeichnet durch die Hauptfigur als Verkörperung des Guten, des Rechts und des Gesetzes, also der individuellen, der sozialen und der kollektiven Instanzen der Handlungsbewertung. In ‚12 Uhr mittags' tritt an die Stelle dieser eindeutig gezeichneten Figuren ein problematischer Held – Sheriff Will Kane, der zwischen Eitelkeit und Verantwortungsbewußtsein schwankt und dabei das Handeln anderer als falsch abzuqualifizieren scheint.

Vertritt nun Kane als einziger den Standpunkt, den eigentlich alle vertreten sollten? Ist er der starke Mann, ohne den Hadleyville nicht auskommt? Opfert sich Kane für die Gemeinschaft? Oder versucht Kane, die Gemeinschaft seinem Stolz zu opfern? Braucht er die Hilfe anderer, um sein eigenes Leben schützen zu können? Ist er darauf aus, sein Lebenswerk zu vollenden?

Die Erfahrung des Zweiten Weltkrieges hat die festen Vorstellungen von Recht und Gesetz überall in der Welt relativiert.

Auch der Western erfährt die Relativierung seiner früher konstituierenden thematischen Grundformen.

Das Recht, das Gute zu erkämpfen und das Böse zu vernichten, ist in ‚12 Uhr mittags' nicht mehr selbstverständlicher Ausgangspunkt der Handlung, sondern Problem.

Der bislang im Western qualitative Wert Gut/Böse, Recht/Unrecht wird im Verlauf von ‚12 Uhr mittags' als quantitativer Wert sichtbar – vier gegen einen; niemand rechnet mehr damit, daß in dieser Konstellation das Recht die Überhand gewinnt. ‚12 Uhr mittags' spiegelt in der Struktur seiner Handlung diese fundamentale Erfahrung der modernen Zeit. Er handelt von der Degradierung der Werte des Genres Western, der Angleichung einer fiktiven Welt an die Genese einer neuen Zeit.

3. Untersuchung der Gestaltungsmittel

a) Mit dem Verfahren der statistischen Analyse

‚12 Uhr mittags' ist aus 347 Einstellungen montiert. Dies entspricht der üblichen Schnitthäufigkeit bei Hollywoodfilmen.

Die Verteilung der Kameraeinstellungen:

9 Weit, 25 Totale, 30 Halbtotale, 109 Halbnah, 74 Nah, 47 Groß, 28 Ganz-Groß, 17 Detail

entspricht nicht der bis dahin üblichen Verteilung der Einstellungsgrößen im Western.

Besonders für den künstlerisch ambitionierten Western der Jahre 1934–1952 war es üblich gewesen durch eine große Anzahl von Weit- und

Totale-Einstellungen auf Landschaften (z. B. das Monument-Valley) die Naturverbundenheit des Western (vergleichbar mit den deutschen Heimatfilmen) zu unterstreichen. Die dadurch erzeugte Stimmung (Geschickt ausgenutzt etwa auch in der Reklame für die Zigarettenmarke ‚Marlboro') ließ über Handlungsschwächen hinwegsehen.

Demgegenüber entspricht die Wahl der Einstellungsgrößen in ‚12 Uhr mittags' weit eher der der damaligen Kriminalfilme und Gangsterfilme (Hitchcock, Mamoulian, Hawks, usw.)

Die verwendete Brennweite des Objektivs (Weitwinkel und Normal) entspricht hingegen wieder der Gepflogenheit des Genres und wird sogar noch stärker als damals üblich angewandt.

Dadurch wird die relativ enge Kulisse des Films künstlich gedehnt, die Leere etwa des Dorfplatzes wirkt noch leerer, das Nahen des Zuges noch beklemmender, das gemeinsame Abseitsstehen der Bürger noch evidenter. Die Beleuchtung entspricht der anderer Western. Durch starkes Oberlicht wird der Eindruck einer grellen hochstehenden Sonne erzeugt. Die Zeichnung der Bilder ist äußerst kontrastreich und grauwertlos; dazu kommt die Körnigkeit des Schwarzweißmaterials. Insgesamt entsteht ein rauher trostloser Eindruck der Szenerie. Die Kameraperspektive entspricht mit einer großen Zahl von Unterperspektiven der typischen Verwendung im Western (daher auch für die Kombination von Unterperspektive und Naheinstellungen die Bezeichnung ‚amerikanisch').

Ungewöhnlich ist die von der Mitte des Films ab zunehmende Verwendung oberperspektivischer Einstellungen, die in der extremen Fahrt auf der schiefen Ebene bei der Abfahrt der beiden Frauen mit der Kutsche gipfelt.

Zwei typische Einstellungen aus ‚12 Uhr mittags'

1. Die Banditen rüsten sich am Bahnhof für die Ankunft Frank Millers.

   Unterperspektive
   Halbnah
   Weitwinkel
   hartes Oberlicht

2. Will Kane geht durch die menschenleere Stadt nach der Abfahrt von Amy und Helen.

   Oberperspektive
   Nah → Weit (Fahrt)
   Weitwinkel
   hartes Oberlicht

b) Mit dem Verfahren der morphologischen Analyse

Szenerie und Kameraführung

Im Zusammenhang mit der statistischen Analyse ist festgestellt worden, daß Kulisse, Beleuchtung, Kameraeinstellung, Brennweite, Kameraperspektive und Kamerabewegung auf das Handlungsmuster des Films abgestimmt sind: Unter der Mittagssonne eines sommerlichen Sonntags wird die Vereinsamung des Sheriffs Will Kane verbildlicht.

Sprache und Geräusche

Gegenüber anderen Western spielt das gesprochene Wort in ‚12 Uhr mittags' eine große Rolle. Fast alle wichtigen Segmente enthalten zum Verständnis der Handlung wesentliche Dialoge, während beim üblichen Western der Dialog sehr stark in den Hintergrund tritt.

Umgekehrt ist es mit der Verwendung der Geräusche. Die starke Geräuschkulisse des üblichen Western fehlt völlig.

Daraus wird erkennbar, daß es sich in ‚12 Uhr mittags' nicht um eine Schilderung des ‚Westernmilieus', sondern um eine Studie zur Motivation menschlichen Handelns und dessen verbaler Rechtfertigung handelt.

Musik

Dimitri Tiomkin gehört neben Max Steiner, Bernard Herrmann, Franz Waxmann und Alfred Newmann zu den bekanntesten Filmkomponisten Hollywoods. 1934 begann seine Karriere mit ‚Alice in Wonderland'. Danach folgten in zwanzig Jahren rund 200 Filmmusiken. Für die Musik zu ‚12 Uhr mittags' erhielt er seinen ersten Oscar. Bis Ende der 60er Jahre arbeitete er weiter in Hollywood und erhielt vier weitere Oscars für die unterschiedlichsten Filmgenres.

In ‚12 Uhr mittags' wendet Tiomkin zwei Grundprinzipien seiner großen Kollegen Max Steiner und Bernhard Herrmann an:

Mit dem Erscheinen Kanes ist ein musikalisches Leitmotiv verbunden, wie es typisch für die Filmkompositionen Steiners ist. Dieses Leitmotiv ist in der Art der frühen Westernmusiken als Song angelegt (vergleichbar mit Filmen John Fords). Im Verlauf der Handlung wird das musikalische Thema in vielfältiger Weise zur Anpassung und Überhöhung der dramaturgischen Gegebenheit verändert und verfremdet (Vergleichbares hat Bernard Herrmann etwa auch in seiner Musik zu Hitchcocks ‚Psycho' angewandt). Dabei verändert sich der Klangkörper vom reinen vokalen Element beim Vorspann und beim Abspann zum Höhepunkt des Films hin in Richtung auf die komplette Besetzung eines symphonischen Orchesters, wie es typisch ist für den Hollywoodfilm der vierziger Jahre. Im Gegensatz zu Steiner und Herrmann hat Tiomkin die Musik zu ‚12 Uhr mittags' zwar durchkomponiert, verzichtet aber darauf, sämtliche Einstellungen mit Musik zu unterlegen. Auf der anderen Seite lehnt er sich an die Hollywoodtradition an, indem er zur Steigerung der Spannung mit seiner Musik ‚underscoring' betreibt, den Bildinhalt musikalisch kopiert. Durch Umsetzung in andere Tonarten, Staccato-Effekte und veränderte Instrumentierung erreicht er, daß aus der unverbindlich leisen Songmelodie ein bedrohlicher und nervenaufreibender Rhythmus entsteht, wie er sonst nur in Horrorfilmen üblich ist.

Montage und Syntagmen

In ‚12 Uhr mittags' wird eine große Zahl verschiedener Montagetechniken angewandt.

Auch die Kombination der Syntagmen ist sehr vielseitig. Als Beispiel soll hier einmal das Syntagma 57 des Films untersucht werden.

Es handelt sich dabei um ein großes Syntagma, d. h. mehrere Syntagmen sind miteinander verknüpft.

Das Syntagmum hat eine Dauer von 1'41".

Es enthält insgesamt 9 kleine Syntagmen und 34 Einstellungen. Dies bedeutet, daß eine Einstellung durchschnittlich weniger als drei Sekunden dauert.

Das Syntagma beginnt damit, daß Kane sich niedersetzt und sein Testament schreibt.

Schnitt auf die Uhr
Die drei Banditen warten am Bahnhof
Schienen
Gemeinde in der Kirche
Einstellung auf Henderson
Einstellung auf Nettrich
Saloon
Einstellung auf den Penner
Einstellung auf den Keeper
Uhr
Kane
Dorfplatz
Dorfplatz
Schienen
Banditen am Bahnhof
Howe
Fuller
Ex-Sheriff
Amy im Hotel
Helen Ramirez im Hotel
Uhr
Banditen am Bahnhof
Kane
Uhr
Stuhl, auf dem Miller saß
Amy im Hotel
Kane
Helen Ramirez im Hotel
Banditen am Bahnhof
Kane
Schienen mit Zug
Banditen am Bahnhof
Kane.

Die multiplizierte Verwendung des parallelen Syntagmas läßt die Spannung ins Unerträgliche steigen.

Die letzten Minuten bis zur Ankunft des Zuges vergehen und niemand unternimmt etwas. Alle Stationen von Kanes Weg vom Beginn des Films an werden noch einmal in Erinnerung gerufen. Kane hat den Wettlauf mit der Zeit verloren; er steht allein. Noch einmal läßt die Fahrt auf den leeren Stuhl an Millers Worte zu Beginn des Films erinnern, als der Stuhl Symbol seiner Drohung wurde. Der Film zeigt in dieser Sequenz sowohl die Gleichzeitigkeit des Geschehens als auch die Reflektion Kanes beim Verfassen seines Testamentes über die vergangene Stunde.

Die Musik nimmt den Takt der schlagenden Pendeluhr auf und in diesem Rhythmus sind die einzelnen Einstellungen auch montiert.

Sprache und Geräusche gibt es in diesem Syntagma nicht, bis der schrille Pfiff der Lokomotive das staccato gespielte Leitmotiv ablöst.

Verknüpfung zum folgenden Syntagma	In die Szene: Kane verfaßt sein Testament werden als deskriptive Syntagmen 8 verschiedene Syntagmen geschnitten. Davon ist eine ein paralleles Syntagma (Bahnhof), drei autonome Einstellungen sind klammernd zusammengefaßt, die anderen sind alternierend zugeordnet.
Musik	bis zur viertletzten Einstellung im Takt des Schnittes zweites Thema des Titelliedes
Geräusche	unter die letzten vier Einstellungen: Pfiff der Lokomotive
Dialog	keiner
Beleuchtung	Oberlicht
Laufzeit des Films	68' – 69'40"

Montagetyp der Einstellungen	Kamerabewegung	Kameraperspektive	Kameraeinstellung	Inhalt der Einstellung	Inhalt des Segments	Dauer der Einstellung
Ellipse	—	N	G	Kane	Testament	6"
Anapher	—	N	O	Uhr		3"
dto	—	U	N	Banditen	Bahnhof	2"
Distinctio	—	N	W	Schienen		2"
Deskr. S.	—	O	HT	Gemeinde	Kirche	4"
Enumeratio	—	N	G	Henderson		6"
dto	—	N	G	Nettrich		5"
Synonymie	—	N	HN	Innenraum	Saloon	4"
Enumeratio	—	N	G	Penner		3"
dto	—	N	G	Keeper		3"
Auton. E.	—	N	O	Uhr	Testament	3"
	—	N	G	Kane		4"
altern. S.	—	O	T	Übersicht	Dorfplatz	1"
parall. S.	—	O	T	Übersicht		2"
Anastrophe	—	N	W	Schienen	Bahnhof	2"
Chiasmus	—	U	HN	Banditen		3"
parall. S.	—	N	G	Howe	Stadt	2"
dto	—	N	G	Fuller		3"
dto	—	N	G	Ex-Sheriff		2"
klamm. S.	—	N	GG	Amy		3"
	—	N	GG	Helen		3"
	—	N	O	Uhr	Testament	2"
Polyptoton	—	N	O	Uhr		2"
Klimax	—	U	HN	Banditen	Bahnhof	3"
	—	N	G	Kane	Testament	3"
	F	N	O	Uhr		2"
Annominatio	F	N	GG	Stuhl		4"
	—	N	GG	Amy	Hotel	3"
	—	N	G	Kane	Testament	2"
	—	N	GG	Helen	Hotel	2"
	—	U	HN	Banditen	Bahnhof	3"
	—	N	G	Kane	Testament	5"
	—	N	W	Zug	Bahnhof	2"
	—	U	HN	Banditen		1"
	—	N	G	Kane	Testament	1"
	F	N	G	Kane		2"

Anmerkung zum nebenstehenden Diagramm:
Es schien sinnvoll, zur Vorstellung des Diagramms eine Szene aus einem realisierten Film zu nehmen, damit die Übersicht am Film selbst überprüft werden kann.

Natürlich hat dies zur Folge, daß nicht alle möglichen Varianten gestalterischer Art in einer solchen Szene vorhanden sein können. Die gewählte Szene aus ‚12 Uhr mittags' bietet aber, bezogen auf ihre Länge von weniger als 2 Minuten, ein hohes Maß an verschiedenen gestalterischen Elementen, z. B.

- alle Kameraeinstellungen (W, T, HT, HN, N, G, GG, D)
- alle Kameraperspektiven (U = Untersicht, N = Normale, O = Obersicht)
- gute Beispiele für Kamerabewegung
- gute Beispiele für Musikverwendung
- gute Beispiele für Geräuschverwendung
- die seltene Form, daß in ein Syntagma (Szene) weitere Syntagmen (descriptives Syntagma) eingeschnitten sind, die ebenfalls zeitliche Homogenität (paralleles Syntagma) und inhaltliche Homogenität (klammerndes Syntagma) vermitteln sollen.
- ein häufiges Auftreten verschiedener Montagetypen, wie Anapher (das Warten der Banditen am Bahnhof), Annominatio (die Schienen als Symbol für das nahende Unheil), Enumeratio (Gemeinde in der Kirche und einzelne Gemeindemitglieder), Anastrophe (Dorfplatz aus der Oberperspektive, Banditen aus der Unterperspektive), Distinctio (bei der Einstellung auf den Stuhl muß die Einstellung am Anfang des Films mit der Off-Stimme Millers bekannt sein), Polyptoton (das Schlagen der Uhr wird in mehrere Einstellungen gegliedert), Klimax (die Folge: Kane / Uhr / Stuhl / Amy / Kane / Helen / Banditen / Kane), Synonymie (3 Einstellungen in der Kirche / 3 Einstellungen im Saloon).

c) Mit dem Verfahren der wirkungsgenetischen Analyse
‚12 Uhr mittags' kann zu den spannenden Filmen, aber nicht ohne weiteres zu den ‚Action-Filmen' gerechnet werden.

Die Spannung dieses Films geht weniger aus der Handlung hervor als aus dem Zusammenspiel von Schnitt und Musik (dies gilt natürlich gegen Ende des Films, wenn sich die Handlung zuspitzt, weniger).

Die starke Wirkung im Schnitt kommt vor allem durch das harte Aneinanderfügen der Einstellungen zustande.

Ein Beispiel ist hier die Schnittfolge, in der der Friedensrichter Kane an die Verhaftung Millers erinnert: Auf eine Einstellung Kanes folgt eine Einstellung auf den leeren Stuhl, auf den Miller gesessen hatte, und im Off die Rachedrohung Millers; dann wird geschnitten auf die zerberstende Flasche, die der Bandit Colby auf die Schienen schlägt.

Von ähnlich starker Wirkung sind die Zwischenschnitte der Uhr, die das Drängen der Zeit symbolisieren – der Film ist wahrscheinlich in seiner Urfassung so lang gewesen wie die fiktive Zeit des Geschehens.

Ein drittes Beispiel ist das parallele Montieren von Einstellungen Kanes und der vier Banditen nach Millers Ankunft bis zum ersten Schußwechsel.

Zinnemann hat in ‚12 Uhr mittags' die Montagetechnik der berühmten russischen Regisseure angewandt und sie zum erstenmal in einem Western eingesetzt. Dadurch wird eine außerordentliche Spannung erzeugt, der sich der Zuschauer kaum entziehen kann.

d) Mit dem Verfahren der Bedeutungsanalyse
‚12 Uhr mittags' ist von bedeutungsanalytischem Aspekt her ein einfach strukturierter Film.

Vom Handlungsaufbau her erfordert er allerdings wohl die Kenntnis anderer Western oder aber bestimmter einzelner Elemente der Geschichte des amerikanischen Western.

Ansonsten ist es unverständlich, warum Amy gerade eine Quäkerin ist, welche Funktion der Sheriff, welche der Friedensrichter hat. Allerdings dürfte in westlichen Ländern bereits jeder kleine Junge eine Vorstellung haben, was ein Sheriff zu tun und zu sagen hat. – Der Film basiert also, wie jeder andere Western, auf der Kenntnis der Grundmuster der Wildwestgeschichte.

Filmische Topoi, die von bedeutungsanalytischer Relevanz sein könnten, weist der Film nicht auf; abgesehen von der bereits erwähnten Einstellung, in der Frank Miller aus dem Off zum Bild des leeren Stuhles Rache verspricht, gibt es keine Rückblenden, keine Zeit- und Raumvarianzen, keine Symbole, keine Verweise, auch nicht musikalischer Art, und auch keine Montagefiguren, bei denen die Bedeutung nicht bereits aus den einzelnen Einstellungen ersichtlich wäre.

Der Film verzichtet also zugunsten eines klaren Vortrags der Problematik des Themas auf die Anwendung sowohl einer mehrschichtigen Erzählweise als auch auf schwer decodierbare Morpheme.

V. Auswertung der Analyse

1. Thematik

a) Relevanz des Themas
Die Themen von Western sind nicht immer von großer Relevanz. Das Thema von ‚12 Uhr mittags', das verantwortliche Handeln von Menschen als Individuen und von Menschen als Staatsbürgern, gehört zu den relevantesten Themen des Kino- und Fernsehfilmes.

b) Aktualität des Themas
‚12 Uhr mittags' behandelt ein Thema in einer bestimmten historischen Situation – der Zeit des Koreakrieges, der Nachkriegsperiode überhaupt.

Allerdings scheint es, wenn der Film mit aktuellen Produktionen verglichen wird, daß das Thema nichts von seiner Aktualität eingebüßt hat.

c) Allgemeingültigkeit
Der Film zeigt die Situation in den USA im vorigen Jahrhundert. Das Thema des Films hat aber über seinen Ort und seine Zeit, in denen der Film spielt, hinaus allgemeingültigen Charakter für die heutige Zeit und sicherlich auch für fast alle denkbaren Staatsgebilde.

d) Spezifikationsgrad des Themas
‚12 Uhr mittags' zeigt eine spezielle Situation. Eine entscheidende Stunde im Leben eines Sheriffs. Dabei wird die Handlungsweise der Personen aber so präzise geschildert, daß die Grundthematik für jeden Zuschauer wahrschein-

lich nicht nur nachvollziehbar, sondern auch auf eigene Erlebnis- und Erfahrungsmomente anwendbar ist.

e) Filmgemäßheit
Die Eignung des Films als Vermittlungsform für das Thema scheint insofern bewiesen, als zumindest junge Menschen ihre Einstellungen weit eher durch den Einfluß eines Kinofilms ändern als durch gedruckte oder verbale Vermittlung.

2. Darstellungsweise

a) Themenadäquanz
Die Darstellung des Themas von ‚12 Uhr mittags' in einer Western-Story scheint deshalb adäquat, weil in der Modellhaftigkeit der geschilderten Situation die Studie der menschlichen Verhaltensweisen erst möglich wurde. Es gibt in der Filmgeschichte einige weitere Beispiele, in denen derartige Laborsituationen in einer Story geschaffen wurden, um ähnliche Probleme und Themen zu behandeln (‚An einem Tag wie jeder andere', ‚Lohn der Angst', ‚Die Caine war ihr Schicksal', usw.).

b) Intentionsgemäßheit
Es ist wohl nicht ganz eindeutig zu beantworten, ob die mutmaßliche Intention des Autors, ein Psychogramm der Bürger von Hadleyville zu entwerfen, in der gewählten Darstellungsweise gelungen ist oder ob nicht viel eher der scheinbar selbstlose mutige Sheriff im Vordergrund der Eindrücke nach dem Film stehen wird.

c) Mediengemäßheit
Eine Western-Story ist im allgemeinen gut geeignet, den Stoff für einen Kinofilm zu liefern, da letztlich Spannung und Action in solchen Storys vorherrschen. So ist es auch die Story von ‚12 Uhr mittags' trotz aller Dialoge und dramaturgisch wichtigen ruhigen Stellen eine kinogemäße Vorlage gewesen.

d) Innovationsgrad
‚12 Uhr mittags' hat sicherlich von der Thematik und Darstellungsweise neue Impulse im amerikanischen Western gesetzt, die die Routine des Genres in Frage gestellt haben.

e) Konformitätsgrad
‚12 Uhr mittags' hält die Szenerie, verschiedene Figurentypen, das Grundgerüst der Handlung, die wichtigsten filmdramaturgischen Elemente und die Abschlußsequenzen des amerikanischen Western bei.

3. Gestaltungsmittel

a) Komplexität
Im Vergleich zu fast allen anderen Western weist ‚12 Uhr mittags' ein hohes Maß an gestalterischen Elementen auf; das gilt besonders für die aufwendige Schnittechnik und die dem Bild angepaßte Musik.

b) Klischeehaftigkeit
Die Gestaltungsmittel Beleuchtung, Kameraführung, Musik sind nicht klischeehaft eingesetzt, obwohl durchaus genretypische Merkmale vorhanden sind.

c) Darstellungsadäquanz
Die Gestaltung unterstützt mit ihren Mitteln die für den Film gewählte Darstellungsweise, indem der Wettlauf gegen die Zeit, die Grundlage der extremen Situation ist, mit Gestaltungselementen verschiedener Art unterstrichen wird.

d) Aussagerelevanz
Die Gestaltung des Films ist nicht relevant für seine Aussage. Auch ohne Einsatz der gelungenen gestalterischen Momente wäre die Story geeignet gewesen, die Aussageintention zu vermitteln.

e) Wirkungsrelevanz
Ein großer Teil der Spannung, die der Film beim Zuschauer aufbaut, beruht auf der Wirkung der Gestaltungselemente, vor allem der Musik.

VI. Bewertung

1. Thematik

‚12 Uhr mittags' behandelt ein Thema, das für jeden Zuschauer von persönlicher Wichtigkeit ist und das für jeden einmal zum Problem werden könnte.

2. Darstellungsweise
In der Darstellung mittels eines Western wird auf die Abneigung der Zuschauer auf Vermittlung von Einstellungsmomenten mittels didaktischer Medien eingegangen.

Die Darstellung eines so relevanten Themas ist für das Genre Western innovativ.

3. Gestaltungsmittel
Der Film weist ein ungewöhnlich hohes Maß an qualitätsvollen und effektiven Gestaltungsmitteln auf.

Auch in diesem Bereich setzt er Maßstäbe in seinem Genre.

VII. Kritik
‚12 Uhr mittags' ist ein Western, der in ungewohnter Weise ein über seinen historischen Zusammenhang relevantes Thema behandelt. In Darstellungsweise und Gestaltung geht er dabei qualitätsmäßig über die gewohnten Maßstäbe hinaus.

Es ist allerdings nicht klar zu entscheiden, ob er ein bestimmtes soziales Verhalten ideologisierend verherrlichen will oder ob er vielmehr eine Analyse von Verhaltensmustern dem Zuschauer zur eigenen kritischen Beschäftigung vorstellt.

Anmerkung:
Die hier exemplarisch vorgestellte Analyse ist natürlich nur ein Ausschnitt aus einer systematischen und ausführlichen Analyse. Sie enthält im Ansatz aber alle Elemente und Aspekte, so daß die Vertiefung und Vervollständigung von Interessenten, die an dem gewählten Film weiterarbeiten wollen, leicht möglich ist.

Gerhard Adam:

Kurze Filmanalyse von Alfred Hitchcocks „39 Stufen“ (‚The Thirty-Nine Steps‘)

England 1935, Regisseur Alfred Hitchcock, Spieldauer 90 Minuten[1]
Drehbuch: Alma Reville, Charles Bennett, Ian Hay.
Kamera: Bernard Knowles.
Darsteller: Robert Donat (Richard Hannay), Madeleine Carroll (Pamela), Lucie Mannheim (Miss Smith/Annabella), Godfrey Tearle (Professor Jordan), Helen Hay (Frau Jordan), John Laurie (Kleinbauer), Peggy Ashcroft (Frau des Kleinbauern), Frank Cellier (Polizeiinspektor), Wylie Watson (Mr. Memory).

1. Einführung

1.1 Darstellung der für Hitchcocks Filme typischen Charakteristika in Abgrenzung zu denen des klassischen Kriminalromans bzw. -films

Die Wirkung klassischer Kriminalromane und -filme (bzw. von Fernsehfilmen) basiert auf der Spannung des Entlarvens, Aufdekkens, gesteigert durch die Verwendung blinder Motive; das vorher Geschehene muß durch Indizien rekonstruiert werden. Der klassische Kriminalroman und -film enthält grundsätzlich drei Elemente: die Leiche bzw. das Verbrechen, die Tat-Verdächtigen und ihre Motive und die mit der Aufklärung der Tat Befaßten, aus deren Komposition sich die Handlungs- und Aufbaustruktur ergibt. Diese wird nach einem abstrakt funktionierenden Schematismus vollzogen, der als pattern variabel anwendbar bleibt[2]. Das Resultat dieses Musters besteht darin, daß der Kriminalroman und -film lediglich zu einem unterhaltenden Ratespiel wird.

Für Hitchcock sind diese Faktoren von untergeordneter Bedeutung. Die Wirkung seiner Kriminalfilme beruht auf suspense[3]. Das Grundelement Hitchcocks ist das Individuum, das unvermittelt und unwillentlich in das Spannungsfeld eines Verbrechens gerät, als Verdächtiger, Zeuge oder Täter. Für Hitchcock ist das Verbrechen „der Stein, der in ein stehendes Gewässer geworfen wird“[4]. Das stehende Gewässer repräsentiert für ihn eine heile, durch nichts erschütterte Ordnung. Der Tradition des britischen Schauerromans verpflichtet, löst Hitchcock diese heile Umwelt des Individuums durch Verfremdung des Alltäglichen in seiner Filmsprache auf, indem er ein Grauen suggeriert, das die zunehmende Verunsicherung des Individuums verursacht. Das Resultat ist die Erzielung eines kathartischen

Effektes, der durch Züge englischen Humors gemildert werden kann (wohingegen in Hitchcocks Spätwerk eher parodistisch-ironische Züge festzustellen sind). – Zu diesem Effekt sei eine Äußerung Hitchcocks zitiert: „Ich möchte dem Publikum heilsame moralische Schocks versetzen. Die Zivilisation nimmt uns heute so in Obhut, daß es nicht mehr möglich ist, sich instinktiv eine Gänsehaut zu besorgen. Der einzige Weg, unsere Erstarrung zu lösen und unser moralisches Gleichgewicht wiederherzustellen, besteht darin, diese Schocks künstlich hervorzurufen. Das geeignetste Mittel, das zu erreichen, scheint mir das Kino zu sein"[5].

Wenn man ‚Kino' hier unter dem Aspekt eines Kommunikationsvorganges versteht, so ist der Film als Produkt das Grundelement dieses Vorganges, da er allgemeine Mitteilungssysteme benutzt, die unter bestimmten Voraussetzungen (historischer, gesellschaftlicher, politischer und auch ökonomischer Art) als Abbildung von Kommunikationsakten rezipiert werden. Die Wahl dieser Mitteilungssysteme wirkt bestimmend auf die Aussage dieses Kommunikats, des Films also, und ist in gewisser Weise eine Interpretation, die auf die Möglichkeiten eines Rezeptionsvorganges zielt. Diese für den Film typische Kommunikatstruktur bewirkt bei Hitchcock das unausweichbare Einbezogenwerden des Rezipienten in das Dargestellte.

Wollte man die eingangs geschilderten Charakteristika auf einen vereinfachenden Nenner bringen, so spricht die konventionelle, klassische Kommunikatstruktur des Kriminalfilmes die rationale Schicht des Menschen an und dient der Unterhaltung, wohingegen Hitchcocks Filme zwar auch unterhaltend sind – er selbst hat sie häufig als ‚entertainment' bezeichnet –, im wesentlichen jedoch die emotional-existentielle Schicht im Menschen berühren.

1.2 Vorbemerkungen zur vorliegenden Analyse

Der Film ‚39 Stufen' wurde zur exemplarischen Analyse ausgewählt, weil er auch für den Anfänger eine relativ einfache Analyse zuläßt. So entfallen Aspekte, die von großer Relevanz für Farbfilme sein können. Die Problematik der Filmmusik wird auf ein Minimum reduziert[6]. Außerdem haben sich seit der Produktion des Filmes im Jahre 1935 die Sehgewohnheiten der Zuschauer in beachtlichem Maße geändert. Wo zu jener Zeit längere Einstellungen erforderlich waren, ist der Rezipient von heute wesentlich geschulter in seiner optischen Wahrnehmung – man denke an die kurzen Werbespots im Fernsehen –, so daß die Analyse eines älteren Filmes für ein gründliches und grundlegendes Verständnis geringere Zeit erfordert[7]. Eine weitere Begründung ist die Tatsache, daß Hitchcock den Film nach einer Romanvorlage von John Buchan gedreht hat, den er "a master of narrative"[8] nannte und über deren Verfilmung er sagte: "What I liked about '39 steps' were the sudden switches and the jumping from one situation to another with such rapidity"[9]. Diese genannten Vorzüge der Romanvorlage entsprechen der Filmsprache Hitchcocks und lassen sich in der Analyse dieses Filmes als typisch veranschaulichen.

Ganz allgemein sagt Hitchcock zur Methode seiner Verfilmungen: „Ich lese eine Geschichte nur einmal. Wenn mir die Grundidee zusagt, übernehme ich sie, ich vergesse das Buch vollkommen und mache Kino"[10]. Das heißt, er würde nie einen Roman verfilmen, in dem des Autors ganzes Leben steckt. „Nehmen Sie einen Roman von Dostojewski, nicht nur ‚Schuld und Sühne', egal welchen, sie bestehen aus vielen Wörtern, die alle eine Funktion haben... und um dasselbe nun filmisch auszudrücken, müßte man einen Film von 6 oder 10 Stunden drehen, sonst wäre das nicht ernst zu nehmen"[11].

Diese Aussagen Hitchcocks begrenzen die Analyse dahingehend, den Film als Film und nicht als verfilmte Literatur zu betrachten. (Wegen der vergröbernden Darstellung des Remake im Jahre 1959 von Ralph Thomas und Kenneth Moore wird der Originalfilm hierzu in keinen Vergleich gestellt. Ein neues Remake, das sich enger an die Romanvorlage halten will, wurde von der Presse für das nächste Jahr angekündigt.)

2. Durchführung der Analyse

2.1 Analyse der Handlungsstruktur

Für die Analyse der Handlungsstruktur eines Filmes – abgesehen hauptsächlich von Dokumentar- und Informationsfilmen – bietet sich das dramenanalytische Schema an: die Konstruktion des Handlungsverlaufes läßt sich in Handlungsabschnitte – in Analogie zu den Akten eines Dramas – und in Sequenzen – in Analogie zu Szenen – einteilen.

Für den vorliegenden Film ergab sich eine Einteilung in 5 Handlungsabschnitte, deren Aufbauschema an das des klassischen Dramas erinnert, wie die folgende Übersicht verdeutlicht; die vorwiegend der Spannungssteigerung dienenden Handlungsteile sind auch hier in II und IV.

Teil I = 3 Sequenzen; Teil II = 6 Sequenzen; Teil III = 3 Sequenzen; Teil IV = 5 Sequenzen; Teil V = 3 Sequenzen.

I. Handlungsabschnitt:

1. Sequenz: In einer Londoner Music Hall wird die Hauptperson, Richard Hannay, eingeführt, als er unter anderen Zuschauern der Sensation des Programms, dem Gedächtniskünstler mit dem sprechenden Namen Mr. Memory, eine Frage stellt; da er diese zweimal wiederholen muß, wird die Aufmerksamkeit des Rezipienten auf ihn gelenkt. Als es an der Theke zu einer Schlägerei kommt, fallen in der allgemein entstehenden Unruhe zwei Schüsse, Panik bricht aus, die Zuschauer fliehen aus dem Saal. – 2. Sequenz: Bei diesem Gedränge ins Freie lernt Hannay eine junge Dame kennen, die ihn bittet, in seine Wohnung mitkommen zu dürfen. – 3. Sequenz: In seinem Apartment, in dem sie alle Vorsichtsmaßnahmen ergreift, um nicht durch die vorhanglosen Fenster von draußen gesehen zu werden, gibt sie als Erklärung für ihr Verhalten, daß sie als Agentin den Auftrag hat, den Verrat eines lebenswichtigen militärischen Geheimnisses an eine ausländische Macht zu verhindern, sich von zwei Männern der gegnerischen Partei bedroht sah und die zwei Schüsse abgegeben hatte, um ihnen in der ausbrechenden Panik entkommen zu können. Sie nennt sich Annabella Smith. Durch das Läuten des Telefons, das ihr Angst einflößt, und durch einen Blick aus dem Fenster, der ihm die zwei Verfolger auf der Straße zeigt, wird Hannay von der Wahrheit ihrer Worte überzeugt und gleichzeitig die Vergeblichkeit ihrer Flucht deutlich. Durch Rückfragen erfährt er Einzelheiten ihres Vorhabens, wobei sie die ‚39 Stufen‘ erwähnt, jedoch nähere Erklärung für später verspricht. – Als sie in seiner Wohnung durch ein Messer im Rücken ermordet worden ist, übernimmt er ihre Aufgabe, um die Spionage zu verhindern. Anhand ihrer Skizzierungen auf einer Landkarte von Schottland, die sie noch in der Hand hält, orientiert er sich über ihr geplantes Ziel. – Ihre letzten Worte leiten über zu Teil II: „Fliehen Sie!“. – Durch einen Kleider-

tausch mit dem Milchmann im Treppenhaus gelingt ihm die Flucht vor den noch immer wartenden Gangstern zum Bahnhof.

Dieser Teil des Filmes kann als Exposition gewertet werden, da er durch Geschehen und Information zur Ausgangssituation für den folgenden Handlungsverlauf wird und damit entscheidend für die Spannungsdramaturgie ist. Damit ist – nach Hitchcock – ‚der Stein in ein stehendes Gewässer geworfen', d. h. für die Hauptperson ist durch den Mord die Sekurität des Individuums unvermittelt gestört. Hier veranschaulicht Hitchcock es so, daß Hannay die folgenden Worte der Agentin, die er nach ihrer Ermordung (in einer Doppelbelichtung) noch einmal hört, als Aufforderung für die Übernahme ihrer Aufgabe verstehen muß: „. . Ich muß dort (Schottland) einem bestimmten Mann einen Besuch abstatten, wenn ich das Schlimmste verhindern will." Die Handlung scheint sich nun von selbst auf einen Höhepunkt, eine Katastrophe, hin zu entwickeln, was der Zuschauer in der zunehmenden Verunsicherung der Hauptperson unmittelbar miterlebt, die hier, am Ende der Exposition, aufgezeigt wird durch die beginnende Flucht vor einer Bedrohung (Verfolger).

II. Handlungsabschnitt:
1. Sequenz: Hannay ist es gelungen, den Zug nach Schottland zu erreichen, doch die Verfolger haben ihn, ohne sein Wissen, erkannt. – 2. Sequenz: Als der Zug England schon verlassen hat, erfährt Hannay durch den Zeitungskauf zweier Mitreisender, daß er von der Polizei als Mörder gesucht wird und daß man seiner Spur bereits folgt, wie die Polizisten auf dem Bahnsteig zeigen. – 3. und 4. Sequenz: Mit der einsetzenden Suchaktion der Polizei beginnt seine Verfolgung durch den Zug; er rettet sich in das Abteil einer jungen Dame, die er um Hilfe bittet, doch als diese ihn der Polizei ausliefert, gelingt ihm die Flucht aus dem Zug, der mittels Notbremse zum Stehen gebracht wurde. – 5. Sequenz: Hannay ist bereits in der Nähe des in der Landkarte eingezeichneten Ortes; Mr. Crofter, ein Kleinbauer, gibt ihm Auskunft, daß dort der einzige Fremde lebt, Mr. Jordan, ein englischer Professor. – Hannay übernachtet in der Hütte des Bauern; Mrs. Crofter, die ihn als den Gesuchten erkannt hat, verhilft ihm zur Flucht, als sie nachts die Polizei kommen hört. – 6. Sequenz: Hannay flieht, von Polizei verfolgt, zum Haus des Professors.

Dieser II. Teil des Handlungsverlaufs stellt die Entwicklung des Konflikts am Geschehen um die Hauptperson dar und erreicht damit eine Steigerung der Spannungseffekte. Zunächst auf die äußere Handlung bezogen, gerät Hannay zwischen zwei Parteien mit unterschiedlichen Wertvorstellungen, indem er nun nicht nur von den Agenten, sondern auch von der Polizei gejagt wird. Es ergibt sich damit ein neuer Aspekt für seine Handlungsmotivation; während er in der Exposition mit der Verfolgung der Spione eine ethische Aufgabe erfüllen will, werden bei seiner Verfolgung wegen Mordes auch pragmatische Beweggründe deutlich. In II, 3 bittet er die junge Dame um Hilfe: „Ich bin unschuldig, sie dürfen mich nicht fassen, bis ich's beweisen kann."

III. Handlungsabschnitt:
1. Sequenz: Hannay scheint im Hause des Professors in Sicherheit zu sein, da dieser die verfolgende Polizei abweist, obgleich er Hannays Identität kennt. Gleichzeitig scheint Hannay sein Ziel erreicht zu haben, die Unterstützung des Professors gegen den Spionagering, vor dem ihn Annabella Smith gewarnt hatte: „... ihr Chef ist ein gerissener Bursche, er geht über Leichen", sein Erkennungszeichen sei der verstümmelte kleine Finger einer Hand. – Prof. Jordan gibt sich unerwartet als dieser gefährliche Gegner zu erkennen und „erschießt" Hannay. – Die 2. Sequenz zeigt kurz eine Szene im Hause Mr. Crofters; der Handlungsverlauf wird fortgesetzt in der 3. Sequenz: Hannay ist dank eines dicken Gesangbuches in der Brusttasche des Mr. Crofter gehörenden Mantels, den ihm Mrs. Crofter zur Flucht gegeben hatte, von der Kugel nicht tödlich getroffen worden. Es gelingt ihm die Flucht aus dem Hause des Professors zum Ortspolizisten, den er von seiner Aufgabe und von der Identität Jordans unterrichtet. Dieser gibt vor, Hannay zu glauben, liefert ihn aber der angeblich zu Hannays Unterstützung herbeigeholten Polizei als Mörder aus.

Der Höhepunkt des Handlungsablaufes liegt in III, 1 und III, 3, wo die Zuspitzung des in II aufgezeigten Konfliktes zur Katastrophe insofern erreicht wird, als Hannay äußerste Schwierigkeiten und Anstrengungen überwunden hat, um zu der Person zu gelangen, die ihm das Ziel für seine Aufgabe und damit die Wiedererlangung seiner persönlichen Sicherheit, die Rückkehr in die Ordnung seines alltäglichen Lebens bedeutete, welches sich als verhängnisvoller Irrtum erweist, da er erkennen muß, daß er, von Gangstern und Polizei gleichzeitig verfolgt, nirgends Sicherheit und Zuflucht finden kann, daß er jede Orientierung verloren hat, weil er nun seinem gefährlichsten Gegner ausgeliefert ist und ihm jeder Hinweis auf den Auftraggeber der Annabella Smith fehlt, der seine einzige Rettung wäre.

So kennzeichnet der Höhepunkt der äußeren Handlung zugleich den Tiefpunkt der Hauptfigur durch die Wende der Situation Hannays zum Ausweglos – Negativen; die in der Exposition beginnende Verunsicherung hat damit ihren Höhepunkt erreicht.

IV. Handlungsabschnitt:
1. Sequenz: Hannay gelingt erneut die Flucht vor der Polizei; er verbirgt sich zunächst in einer marschierenden Gruppe der Heilsarmee, sucht dann Zuflucht in einer Assembly Hall (Versammlungssaal), 2. Sequenz: in der eine Wahlversammlung stattfindet, wo er als der erwartete Redner für den örtlichen Kandidaten begrüßt wird, zu dessen Unterstützung er eine Rede hält, deren Schluß, als er sich wieder verfolgt sieht, utopisch-missionarische Züge annimmt. – 3. Sequenz: Pamela, die Dame, die ihn im Zugabteil der Polizei ausgeliefert hatte, erkannte ihn in der Assembly Hall und liefert ihn wieder aus, vermeintlichen Polizisten, die ihn, und sie als Zeugin, angeblich zu einer Polizeistation fahren. – Als er erkennt, daß beide von Agenten entführt werden, ergreift er die Gelegenheit zur Flucht, als das Auto durch eine Schafherde aufgehalten wird. Obgleich Pamela, inzwischen mit Handschellen an ihn gefesselt, ihm erheblichen Widerstand leistet, entkommen sie auf abenteuerliche Weise ihren Verfolgern. – 4. Sequenz: In einem Gasthaus finden sie Unterkunft für die Nacht. Da sie glaubt, an einen Mörder gefesselt zu sein, muß er sie dauernd einschüchtern, damit sie ihn nicht wieder verrät. – Dieser Teil endet in der 5. Sequenz mit der Abreise Jordans nach London und seiner Vorbereitung zur Flucht ins Ausland.

Teil IV bringt im Hinblick auf den Handlungsverlauf lediglich weitere spannungssteigernde Momente, 1. durch die zweimalige erfolgreiche Flucht, 2. durch den Widerstand der an ihn gefesselten Pamela, die dem vermeintlichen Mörder die Flucht vor den Verfolgern und den Aufenthalt im Gasthaus erheblich erschwert.

V. Handlungsabschnitt:
1. Sequenz: Es gelingt Pamela, sich von der Handschelle zu befreien, während er schläft. Als sie fliehen will, belauscht sie ein Telefongespräch der sie verfolgenden Gangster, aus dem sie den wahren Sach-

verhalt erfährt. Sie bleibt, berichtet Hannay am nächsten Morgen die Informationen, die sie über die Auslieferung des Staatsgeheimnisses erfahren hat und will ihm nun helfen, seine Unschuld zu beweisen. – 2. Sequenz: Sie ist mit ihm nach London gefahren und ersucht Scotland Yard um Hilfe, die Spione zu fassen. Die Polizei ist jedoch nicht von der geplanten Spionage überzeugt und läßt Pamela beschatten, um Hannay verhaften zu können. 3. Sequenz: Im Palladium erkennt Hannay in der Auftrittsmusik des Mr. Memory die Melodie, die er (in IV, 3 und IV, 4) auffallend häufig gepfiffen hat, ohne sich erklären zu können „... wo ich die idiotische Melodie herhabe, die mir im Kopf rumgeht".

Das Auftauchen dieser Melodie in den genannten Sequenzen deutet also bereits auf die (in V) bevorstehende Lösung hin.

Durch diese Erkenntnis und die Darstellung der Gedächtnisleistung des Mr. Memory durch den Ansager mit denselben Worten, die er schon in der Music Hall gehört hatte (I, 1), findet Hannay nun die Zusammenhänge des Spionagegeschehens. Die Anwesenheit Jordans bestärkt ihn in seiner Annahme, daß Mr. Memory die militärischen Geheimnisse gespeichert hat, um sie mit dem Professor ins Ausland zu bringen. Bei seiner erneuten Verhaftung ruft Hannay deshalb dem Artisten auf der Bühne die Frage zu: „Was sind die 39 Stufen?", bei deren Beantwortung Memory von Jordan erschossen wird, woraufhin die Polizei den Professor verhaftet. Ehe Memory stirbt, liefert er in der Seitenbühne der Polizei den Beweis für Hannays Unschuld.

Der V. Handlungsabschnitt bringt gleichzeitig die Lösung des Spionage- und die Klärung des Mordfalls, und damit die Wende im Geschehen um die Hauptperson: die Wiedererlangung von Sicherheit und Identität in einer Ordnung, aus der das Individuum gewaltsam gerissen worden war.

Nach Hitchcock: ‚... der künstlich hervorgerufene Schock hat den Zuschauer aus seiner Erstarrung gelöst und sein moralisches Gleichgewicht wiederhergestellt'.

Verallgemeinernd läßt sich zur Analyse des Handlungsablaufes die Empfehlung geben, daß die Fabel erarbeitet werden sollte im Hinblick auf die Grundsituation des Handlungsgeschehens, auf die Personen als Träger der Probleme, auf die Problemkonstellationen und die sich daraus ergebenden Konflikte, sowie auf die Durchführung der Konfliktlösung, um dem Rezipienten die Kommunikatstruktur des Filmes einsichtig werden zu lassen, die den auslösenden Effekt verschiedener möglicher Rezeptionen bestimmt und damit zum Identifikationsangebot werden kann.

2.2 Analyse der ideologischen Inhalte

Die Analyse der Handlungsstruktur des Filmes vermittelt gleichzeitig eine Einsicht in das vom Produzenten gewählte Mitteilungssystem, aus dem sich die Implikationen der Aussage veranschaulichen lassen.

Ein weiterer Schritt in der Filmanalyse wäre nun, diese Implikationen darzustellen, um damit die Rezeptionsmöglichkeiten zu beleuchten.

Wenn man die in der Exposition dargestellte Ausgangssituation betrachtet, so spiegelt auch dieser Film das Anliegen Hitchcocks, das Selbstverständnis des Menschen in seiner gesellschaftlich-wertebezogenen Umwelt zu erschüttern, indem er die Fragwürdigkeit der Konstituenten unserer Zivilisation aufzeigt. Das Verbrechen (Mord an der Agentin) reißt die Hauptperson immer mehr aus der Ordnung des alltäglichen Lebens, wie bereits in der Analyse des Handlungsverlaufs dargestellt wurde. Ordnung soll also als Konstituent der Zivilisation erkannt und bewußtgemacht werden, und zwar durch ihren Verlust.

Stets bezogen auf die Hauptperson, wird Un-Ordnung, zunächst rein äußerlich – in der filmischen Darstellung – bereits in der 1. Sequenz geschildert: Das Publikum in der Music Hall reagiert auf die Vorstellung des Mr. Memory undiszipliniert (Zwischenrufe; Art der an ihn gerichteten Fragen); es beginnt, begründet in diesem Verhalten des Publikums, die Schlägerei an der Theke, und es bricht – verständlicherweise zwar – nach den Schüssen eine Panik aus. In der letzten Sequenz (V,3) zeigt sich das Publikum im Palladium bei ähnlichem entertainment zivilisiert, was die sich allmählich wieder herstellende Ordnung, bezogen auf Hannay, andeutet. In der 3. Sequenz zeigt Hannays Apartment eine völlige Un-Ordnung (begründet damit, daß er gerade eingezogen ist und die Handwerker noch darin arbeiten), es fehlen sogar Vorhänge an den Fenstern, so daß es auch kein Gefühl von Wohnlichkeit und damit Geborgenheit für die Schutz suchende Annabella gibt. Selbst das Telefon als Kommunikationsmittel wird hier zu etwas Bedrohlichem verfremdet.

Diese codierte Darstellung von Un-Ordnung findet sich auch (IV,2) in der Assembly Hall, wo das Publikum wiederum undisziplniert (Zwischenrufe) gezeigt wird.

Um bei der Exposition zu bleiben, läßt sich der Verlust einer Ordnung in einem weiteren Aspekt belegen, dem sittlich-moralischen, was jedoch nicht aus den filmischen Mitteln deutlich wird, sondern aus dem Inhalt. Man könnte hierzu schon – wie es ja auch Hannay tut – die Frage Annabellas rechnen, ob sie in seine Wohnung mitkommen dürfe. Deutlicher wird dieser Aspekt aus der Motivation ihrer Agententätigkeit: entscheidend für einen Auftrag ist für sie nur das Geld, ohne eine sittliche Verpflichtung (Vaterland) anzuerkennen. In dieser Hinsicht wird das Verhältnis zum Geld negativ, d.h., als Verlust eines sittlich-moralischen Ordnungsbezuges verstärkt in II,5 erlebt, wo Mr. Crofter trotz der zur Schau getragenen puritanischen Religiosität Hannay gegen Geld vor der polizeilichen Verfolgung zu retten verspricht, dann aber über die Höhe der Belohnung für seine Auslieferung mit der Polizei verhandelt. Man könnte, der Vollständigkeit halber, dazu noch III, 1 heranziehen, wo eine der Töchter des Professors in der Wohlhabenheit ihrer häuslichen Umgebung (auch als Gegensatz zu Mr. Crofter) die Suche nach Hannay als ‚Mörderfang' miterleben will und fragt, ‚ob es eine Belohnung gibt'.

Diese Negation einer sittlichen Ordnung zugunsten des Geldes trifft natürlich auch als Motivation für den Spionagering zu, erfährt hier eine weitere Steigerung von der Skrupellosigkeit Annabella Smiths bis zur Mißachtung menschlichen Lebens (Mord), wie auch Hannay von Annabella erfährt, daß der Spionagering der 39 Stufen ‚vor nichts zurückschreckt' und sein Boß ‚ein gerissener Bursche ist, der über Leichen geht'.

Vielleicht läßt sich diese ideologische Implikation mit einem Zitat aus Hitchcocks Leben belegen, in dem er sich auf seine Schulzeit im St. Ignatius College in London bezieht. „Wahrscheinlich hat sich in dieser Zeit bei den Jesuiten mein Angstgefühl so stark entwickelt. Moralische Angst, die Angst, mit dem Bösen in Berührung zu kommen. Ich habe immer versucht, ihm aus dem Wege zu gehen"[12].

Für Hitchcock bedeutet die ‚Berührung mit dem Bösen' das Ausgestoßenwerden aus einem Ordnungsbezug und damit den Verlust der Sekurität bis zur vollkommenen Verunsicherung, Isolation und zum Identitätsverlust, wie es im Handlungsablauf dieses Filmes auch mit Hannay geschieht.

So ist zunächst in der Exposition (I,3) die Antwort der Agentin auf Hannays Frage, weshalb sie sich nicht an die Polizei um Hilfe wendet, zu werten: „Die Polizei würde mir ebensowenig glauben, wie Sie mir glauben wollten". Tatsächlich ist ein Verdächtiger (bei Hitchcock) bereits so weit aus dem Ordnungsgefüge herausgedrängt, daß ihm die Polizei – als die für ihn wichtigste Ordnungsmacht – auf gar keinen Fall glaubt. Eindringlich wird dies verdeutlicht, als Hannay dem Polizisten die Dringlichkeit der Spionageangelegenheit beweisen will (III,3): „... sonst hätte ich mich Ihnen kaum ausgeliefert, wo ich doch wegen Mordes gesucht werde". Im Geschehen um Hannay ist diese Erfahrung der 2. Höhepunkt der dramatischen Handlungsstruktur und zugleich Höhepunkt seiner Verunsicherung, seiner Isolation und seines Identitätsverlustes. Seine Flucht aus der Polizeistation (IV,1) verläuft nun völlig ziellos. Weiterhin (V,2) ist das Schild ‚New Scotland Yard' nicht nur als Ortsangabe zu verstehen, sondern als ein Code für Hilfe, Schutz und Ordnung; doch auch hier schenkt man Pamela keinen Glauben, und damit entfällt für Hannay die letzte Chance, wieder in die konventionelle Wertwelt zurückfinden zu können.

Der genannte Vorgang des Ausgestoßenwerdens aus einem Ordnungsbezug durch die ‚Berührung mit dem Bösen' vollzieht sich ebenso auf einer anderen Ebene, die das Existentielle berührt, das Existentielle der zwischenmenschlichen Beziehungen: das Individuum erfährt Mißtrauen, Ablehnung, und zwar gerade dann, wenn es Vertrauen beweist, indem es die Wahrheit sagt.

Auch dieser Aspekt wird bereits in I,3 andeutungsweise vermittelt, als Annabella Hannay ihre Situation anvertraut und er sich erst durch Beweise (Blick aus dem Fenster) überzeugen läßt. Viel stärker wird diese Erfahrung an Hannay selbst deutlich. Ebenfalls in I,3, als er eine Möglichkeit sucht, den Verfolgern vor seinem Haus zu entfliehen und den Milchmann bittet, ihm Kittel und Mütze zu leihen, sagt er, „Vertrauen gegen Vertrauen", die Wahrheit und erfährt Mißtrauen und Ablehnung. Erst als Hannay die Geschichte vom betrogenen Ehemann, der ihn verfolgt, erfindet, kann er überzeugen.

Die erste Erfahrung Hannays dieser Art wird dem Rezipienten durch die Darstellung einer solchen Situation noch als comic relief vermittelt, wenn auch später immer mehr die Züge des ‚comedy thriller‘ in den Vordergrund treten[13].

In II,3 macht Hannay die zweite Erfahrung obengenannter Art: als er bei der Verfolgung im Zug Pamela um Hilfe bittet, sagt er die Wahrheit und wird ausgeliefert. Pamela wird von nun an die zentrale Gegenspielerin im zwischenmenschlichen Bereich. In IV,2 liefert sie ihn seinen Verfolgern aus und läßt sich weder durch die wiederholte Erklärung seiner Unschuld noch durch seine Bitte um Hilfe wegen der Dringlichkeit des Spionagefalls überzeugen. Eine Steigerung ihres äußeren wie auch inneren Widerstands gegen ihn bis an die Grenze einer Katastrophe erfährt Hannay in IV,4, wo ihm, an sie gefesselt, jede Fluchtmöglichkeit erschwert wird, und wo er durch sie in seiner Bewegungsfreiheit (im Gasthaus) erheblich behindert wird und zudem menschlich von ihr so viel Mißtrauen und Ablehnung erfährt, daß er trotz der unmittelbaren Nähe eines Menschen völlig isoliert ist, was Hitchcock durch Hannays Worte: „wie die siamesischen Zwillinge“ unterstreicht und damit fast zu einer Art schwarzen Humors werden läßt. Im Gasthaus macht der Zuschauer eine ähnliche Erfahrung wie in der Sequenz mit dem Milchmann (I,3): als Hannay von den Wirtsleuten Unterkunft und damit Sicherheit gewährt wird, erreicht er dieses durch Unwahrheiten bei der Veranschaulichung einer Situation, in der sich Pamela und er befinden wollen.

Die Wende in der inneren Haltung Pamelas wird – filmisch – in umgekehrter Weise offenbar. Als es ihr gelingt, sich von der Handfessel zu befreien, um zu fliehen, wird sie durch das Belauschen eines Telefongesprächs von Hannays Unschuld überzeugt und bleibt bei ihm, nun innerlich an ihn gebunden; in der Schlußeinstellung der Finalsequenz stehen sie beide Hand in Hand (Großaufnahme).

Eine im Hinblick auf die mit Pamela gegenteilige Erfahrung macht Hannay bei Mrs. Crofter; er hat zunächst ihr Vertrauen gewonnen, als sie in ihm dann den Gesuchten erkennt, glaubt sie unbedingt an ihn und seine Erklärungen.

Die Fragwürdigkeit einer sittlich-wertebezogenen Ordnung im gesellschaftlichen wie im zwischenmenschlichen Bereich läßt Hitchcock außerdem in zwei dafür exemplarischen Darstellungen deutlich werden; zum einen in der des Professors (III,1) als angesehener Bürger und Familienvater, wo die gepflegte Häuslichkeit ebenso Fassade ist, zum anderen in der des Mr. Crofter (II,5), wo das einfache bäuerliche Leben wie auch seine Frömmigkeit keine heile Welt spiegeln, sondern, veranschaulicht in der Beziehung zu seiner Frau, eine innere Un-Ordnung.

Noch einmal auf das Anliegen Hitchcocks zurückkommend, müßte man der Rede Hannays, die er in der Wahlversammlung (IV,2) hält, eine wesentliche Bedeutung beimessen. – Von der äußeren Konfliktsituation her gesehen, ist diese Sequenz zum Höhepunkt seines Identitätsverlustes zu rechnen, da er sich als die Person ausgibt, für die er gehalten wird. (Die Annahme falscher Namen bei Crofter und im Gasthaus wären auch unter diesem Aspekt zu sehen). Den Aussage-Inhalt beleuchtend, veranschaulicht Hannay hier das Problemgefälle, in das die Hauptperson in diesem Film gerät, und zwar einmal die innere Situation des Individuums, nachdem es ‚mit dem Bösen in Berührung' gekommen ist. Hannay sagt: „... Ich weiß, wie es ist, wenn man sich einsam fühlt und hilflos und die ganze Welt gegen sich hat...". Zum anderen die Sehnsucht nach der Rückkehr in die verlorengegangene Sekurität, deren Verlust die Hauptperson als einen solchen ‚moralischen Schock', wie Hitchcock es nennt, empfunden hat, daß sie hier die missionarisch-utopische Forderung stellt, die Welt dahingehend zu verändern, daß sie für „alle Menschen erfreulich wird, eine glückliche Welt..., in der weder Nationen noch Nachbarn sich das Leben immer wieder schwermachen, in der es keine Verfolgungen und Menschenjagden gibt, ... wo die Menschen sich gegenseitig helfen, ... aus der Furcht, Verdächtigungen und Grausamkeit auf immer verbannt sind...".

Erwähnenswert wäre eine Parallele zu einem der bekannteren englischen Musicals, ‚Pickwick', wo die Hauptperson, als Wahlredner verkannt, ähnliche Vorstellungen einer idealen Welt vermittelt: „If I ruled the world..."[14].

Ein weiterer, aus der Handlung deutlich werdender Aspekt, sei abschließend genannt: die Bedrohung des Menschen durch die Technik. Im Gegensatz zu Truffaut, der den Tod des Mr. Memory als „etwas lächerlich und grandios zugleich"[15] betrachtet und Hitchcock, der das Pflichtgefühl dieses Mannes sieht („Man stellt ihm eine Frage, und er m u ß antworten"), könnte der Rezipient von heute das Marionettenhafte, Maschinelle, Komputerhafte dieser Gestalt als Bedrohung sehen, das, wenn hier auch noch nicht durchgeführt, der Beginn eines Identitätsverlustes des Individuums sein könnte. Dieser Gedanke dürfte auch Hitchcock nicht fremd gewesen sein, der dem Viktorianismus und seiner Denkweise verbunden war.

2.3 Analyse der filmischen Darstellungsmittel

Im folgenden Teil soll versucht werden, den Film als „transitorische Kunstform" in seiner spezifischen strukturellen Vielschichtigkeit zu interpretieren.

Nicht immer werden filmische Codes die gleiche psychologisch-suggestive Wirkung haben; ihre integrierte Summe wie ihre Verwendung an bestimmten Stellen des Handlungsablaufs adäquat zu erfassen, bleibt schwierig. Es ist zum einen erforderlich, sich über die verschiedenen Primärsysteme im klaren zu sein, zum anderen, Strukturimpulse aus Nachbarkünsten zu sehen und schließlich den Akzent der Mittel diskursiver Bildlichkeit zu betonen. Das hebt den Film von der Interpretation sprachlich-literarischer Texte oder vertiefender Betrachtung statischer Kunstwerke ab.

Hitchcock verwendet in seinem Film das ihm zu jener Zeit verfügbar optische Darstellungsrepertoire und ordnet alles der Handlung unter[16].

1. So findet ein ständiger Wechsel der Schauplätze statt, der mit einer Dekoränderung verbunden ist, z. B. die Music Hall (I, 1), Hannays Apartment (I,3), Zugabteil und Bahnhof (II,1), die armselige Hütte Crofters (II,5), die schottische Landschaft im Gegensatz zur Atmosphäre Londons (II,5), das komfortable Herrenhaus Jordans (III,1) im Gegensatz zur Kate des Bauern, in welchem sich jedoch keinerlei sozialkritische Anklänge manifestieren; die Polizeistation (IV,1), die provinzielle Assembly Hall (IV,2), die Flucht durch das schottische Hochland (IV,3), das typische englische Landgasthaus (IV,4) und am Schluß wieder die Varieté-Atmosphäre der Großstadt.

Diese rasche Variabilität läßt beim Rezipienten allein schon keine Langeweile entstehen; er ist bereit, sich führen zu lassen.

2. Die Beleuchtung entspricht den Lichtverhältnissen der normalen Umstände, wird an signifikanten Einstellungen jedoch durch Helldunkel-Effekte gesteigert (z. B. I,3; II,5; V,3).

3. Die Darstellung der Typen ist noch nicht so ausgeprägt wie in Hollywood-Filmen; man denke nur an Polizei und Detektive. Die

Kostüme und Masken passen sich unaufdringlich dem sozialen Stand der Aktionsträger an.
4. Das akustische Material bleibt – von einigen sehr relevanten Ausnahmen abgesehen (I,3; II,1; V,3) – im selben Funktionsbereich.
5. Entsprechend der inneren Konfliktstruktur überwiegen die Einstellungen: Halbnah, Halbtotale, Nah und Groß, mit Ausnahme der der Verfolgungen, in denen Totale und Weit vorherrschen. Zur Einstellungslänge kann generell gesagt werden, daß sie stark wechselt, wie aus dem Sequenzprotokoll ersichtlich. Die Kamerabewegungen passen sich allgemein der Handlung an. Die Montage ist generell als szenische, erzählende oder beschreibende zu erfassen.

Die obigen Ausführungen spiegeln lediglich filmische Darstellungsmittel, die dem konventionellen Repertoire entsprechen; diese verwendet Hitchcock so, daß dem Rezipienten die vertraute Umwelt verfremdet wird bis zum Erleben des Unheimlichen, Drohenden. So nehmen die starken Schlagschatten des Straßenlichts, das in Hannays Apartment fällt (I,3), das kommende Unheil vorweg. Das gilt auch für das bedrohliche Läuten des Telefons, das nach dem Mord in einer Großaufnahme in das Perzeptionsfeld des Rezipienten gerückt wird. Die anschließende Kamera-Wegfahrt kann als erschreckendes Zurückweichen interpretiert werden, ermöglicht aber Hannay, vom Filmpraktischen her gesehen, im Hintergrund ins Bild zu kommen, um aus dem Fenster zu sehen. Das Mittel der Verfremdung durch Großaufnahme findet bei Hitchcock häufig Verwendung, vgl. auch (I,1) die des Revolvers (0,2 sec.), und die (in einer sehr nahen Einstellung) der verstümmelten Hand Jordans (III,1 und V,3). Die Ambivalenz alltäglicher Dinge erfährt der Zuschauer am Beispiel des Brotmessers, wenn Hannay es, zur Vorbereitung des Abendessens benutzend, in der Hand behält, um aus dem Nebenzimmerfenster nach den Verfolgern auf der Straße zu sehen, wenn es dann später schließlich in einer Halbnah-Aufnahme erkennbar ist als Waffe, mit der Annabella ermordet wurde. Dieselbe Ambivalenz hat auch die Großaufnahme des Anzündens der Petroleumlampe (vgl. Sequenzprotokoll), das einerseits praktischer Notwendigkeit entspringt, andererseits ein Code ist für die ‚Beleuchtung' von Hannays Situation. Wiederholend sei auf den Code der Großaufnahme des Schildes ‚New Scotland Yard' (V,1) hingewiesen. Unheimliche Wirkung erzielen weiterhin die schwarze Kleinplastik und die wehenden, von der Straße beleuchteten Gardinen (I,3) in einer Einstellung von 3,1 sec., die auf bevorstehendes Unheil deuten. Ähnlichen Effekten dienen Kameraperspektiven, die den Zuschauer aus der gewohnten Sehweise reißen; so, wenn die Kamera (II,4) in einer Weitaufnahme den Zug diagonal ins Bild bringt und im Gegensatz dazu in einer subjektiven Kameraeinstellung den Pfeiler der Forth-Brücke sehr steil in vertikaler Aufsicht zeigt (4 sec.).

Nach der in schnell aufeinanderfolgenden Einstellungen dargestellten Flucht bringt eine Totale (31,4 sec.) Ruhe ins Bild; sie zeigt in einer Diagonalaufnahme die Brücke, ohne jegliche Objekt- oder Kamerabewegung. Um den Handlungsverlauf nicht abreißen zu lassen, hört man aus dem Off Zeitungsverkäufer die Sensationsmeldung des Mordes und der Flucht ausrufen; die Durchsage eines polizeilichen Steckbriefes beendet diese Einstellung.

Um Hannays innere Motivation zu verdeutlichen, verwendet Hitchcock das optische Mittel der Doppelbelichtung (I,3), das Annabellas Gesicht zeigt, einmal nach Hannays Blick aus dem Fenster auf die Verfolger, zum anderen bei einer Detailaufnahme der Karte von Schottland; außerdem das akustische Mittel des Nachhall-Effektes (Annabellas Stimme nach dem Mord).

Als Ausnahme für die oben generell charakterisierte Montage ist die assoziative (II,1) zu nennen. Nachdem die Putzfrau in Hannays Apartment die Leiche gefunden hat, stößt sie einen schrillen Schrei aus (Einstellung: Großaufnahme; ihr Gesicht vor der geöffneten Tür, 2,9 sec.). Schnitt, Totale: der Zuschauer sieht eine aus einem Tunnel auf ihn zukommende Lokomotive. Der Schrei der Putzfrau geht in das Pfeifen der Lokomotive über. Allerdings ist ein gewisser kalauernder Charakter dieses Schnittes nicht zu leugnen.

Häufig macht Hitchcock von subjektiven Kameraeinstellungen Gebrauch; einige wurden schon erwähnt. Die charakteristischste ist hier, als Hannay in der Assembly Hall (IV,2) nicht begreift, daß er als der erwartete Redner verkannt wird und die jeweils rechts und links von ihm sitzenden Damen und Herren (in zwei Einstellungen, in die Kamera blickend) auffordernd nicken, er solle das Wort ergreifen.

Die Unterbrechung des narrativen Handlungsablaufs durch zwei kurze Einstellungen, die einmal Crofters brutale Reaktion auf das Weggeben seines Mantels (III,2), zum anderen die Abreise Jordans nach London (IV,5) zeigen, bewirkt beim Rezipienten eine Störung der Erwartungshaltung; eine Folge der Variabilität der filmischen Gestaltung.

Zusammenfassend läßt sich sagen, daß die filmischen Gestaltungsmittel den ideologischen Implikationen entsprechen.

2.4 Aufschlüsselung der Mitteilungssysteme an einem protokollierten Sequenzausschnitt

Aus den unterschiedlichen Teilsequenzen, wie z. B. aus denen von II,5 und V,3 lassen sich verschiedene Strukturintentionen Hitchcocks exemplifizieren. Das Protokoll von II,5 wird hier ausführlich wiedergegeben, das der Finalsequenz (V,3) mußte aus drucktechnischen Gründen unterbleiben. Als Aufgabe könnte das Protokoll dieser Finalsequenz einem Kurs zur Verständniskontrolle gestellt und im Vergleich zu II,5 erarbeitet werden. Der Vergleich müßte zu den folgenden, im groben aufgezeigten Ergebnissen führen. II,5 ist ein Ausschnitt aus der Sequenz im Hause Crofters (von Hannays Betreten der Küche bis zum erwachenden Mißtrauen Crofters) – diese Sequenz ist der Kameraführung Murnaus stark verpflichtet –, der Ausschnitt aus der Finalsequenz (die Polizei hat bereits das Palladium umstellt und wartet, daß Pamela sie zu Hannay führt) gibt eine ganz andere Atmosphäre wieder – man achte auf die Tonspur.

Auch der Bildrhythmus (aus der Zeitspalte ersichtlich) weist auf Hitchcocks differenzierte Möglichkeiten, den Zuschauer an seine Intention zu fesseln. Ferner belegen sie eindeutig die – bereits dargestellten – Charakteristika seiner Bildsprache. Das Protokoll spiegelt innere Situationen wider. Mrs. Crofter, die in ihrer Einsamkeit froh ist, mit einem Fremden sprechen zu können; Hannay, der sich durch ihre Einstellung in Sicherheit wähnt trotz der mürrischen Art Crofters, der gegen Ende der Teilsequenz mißtrauisch wird.

Die filmische Struktur realisiert diese Situation in der Länge der Einstellungen, in der ruhigen Objekt- und Kamerabewegung und der angepaßten Geräuschkulisse. Die Einstellungen werden kürzer, die Größe der Kameraeinstellungen nimmt zu, wenn innere Spannungen verdeutlicht werden sollen.

Die Finalsequenz dagegen enthält durch die Notwendigkeit der auf Lösung drängenden Handlung andere Strukturfaktoren; d. h., die Einstellungen werden kürzer, ein Kameraschwenk bekommt durch seine Eigenart Signifikanz; z. B. um die Verbindung Jordans mit Mr. Memory zu beweisen: Jordan zieht seine Uhr, zeigt darauf; Kamera schwenkt schräg abwärts auf Mr. Memory, dieser nickt Einverständnis. Die anderen Kameraeinstellungen, die nichts von ihrem Spannungseffekt verloren haben, transportieren jedoch mehr äußere Information. Die Tonspur ist vielschichtiger, die von Mrs. Crofter beschriebene Stadt-Atmosphäre wird reflektiert.

Diese beiden Sequenzen sind die extremsten Beispiele für die gestalterischen Mitteilungssysteme dieses Films.

Zeichenerklärung für das Filmprotokoll:
D = Detail-Aufnahme; G = Groß-Aufnahme; N = Nah-Aufnahme; HN = Halbnah-Aufnahme; A = Amerikanische Aufnahme; HT = Halbtotal-Aufnahme; T = Total-Aufnahme; W = Weit-Aufnahme; SL = Schwenk nach links; SR = Schwenk nach rechts; US = Untersicht (je nach Grad 1 bis 3); AS = Aufsicht (je nach Grad 1 bis 3).

	Bildtrakt				Tontrakt	
	Äußere Handlung Einstellung	Zeit (sec)	Kamera Größe	Beweg.	Geräusch	Gesprochener Text
1	Mrs. Crofter führt Hannay in die Wohnküche der armseligen Hütte, öffnet das Wandbett, räumt Sachen heraus	17,5	HT	—	Geräusch von Schritten	*Mrs. C.:* Das ist Ihr Bett, ich nehme die Sachen hier weg; hoffentlich können Sie darin schlafen. *H.:* Ich glaub', heute nacht schlafe ich überall.
2	Hannay geht auf das Bett zu, setzt sich aufs Bett	12,8	N (Schulter bis Hüften)	—	—	*Mrs. C.:* Sie sind wohl sehr müde? *H.:* Das kann man wohl sagen, ich such' schon eine Woche nach einem job.
	(beide im Bild)		HN			*Mrs. C.:* Nehmen Sie doch am Tisch Platz, bis ich das Essen fertig habe.
3	Sie im Hintergrund, er setzt sich an den Tisch: Im Vordergrund, auf dem Tisch liegend, eine Zeitung und darauf Lebensmittel; rechts davon H.'s Arm; sie am Küchenschrank hantierend	7,5	HN	—	—	*H.:* Sehr freundlich, danke.
4	H.'s Blick fällt auf die Zeitung, die unter den Lebensmitteln liegt	1,9	G	—	Schritte	
5	H. versucht, Zeitung hervorzuziehen; sie kommt aus dem Hintergrund auf den Tisch zu, trägt Lebensmittel	40	HN		—	

Bildtrakt				Tontrakt	
Äußere Handlung Einstellung	Zeit (sec)	Kamera Größe	Beweg.	Geräusch	Gesprochener Text
und Zeitung nach links zum Küchenschrank, kommt zurück, legt Tischtuch auf und deckt Tisch		HT	SL SR		*H.:* Stammen Sie hier aus der Gegend? *Mrs. C.:* Nein, ich bin aus Glasgow, — waren Sie schon mal da? *H.:* Nein. *Mrs. C.:* Oh, Sie sollten die Sauchiehall Street sehen mit den vielen Geschäften und am Samstagabend das Treiben in der Argyle Street, mit den Trambahnen und all den Lichtern, was dann überall vor den Kinos für ein Gedränge ist. — Heute ist Samstagabend. — *H.:* So etwas gibt's hier draußen wohl kaum?!
6 Sie geht wieder zum Küchenschrank, legt Fisch in die Pfanne, geht zum Herd, am Tisch vorbei	47	A	SR	—	*Mrs. C.:* Nein. *H.:* Vermissen Sie es? *Mrs. C.:* Manchmal schon. *H.:* In Glasgow bin ich noch nicht gewesen, dafür in Montreal, Edinburg und London. Ich erzähle Ihnen beim Essen ein bißchen davon.
7 Man sieht Zeitung und Geschirr auf dem Küchenschrank liegen	0,9	G	—	—	*Mrs. C.:* Das würde mein Mann sicher nicht gutheißen. *H.:* Wieso? *Mrs. C.:* Er sagt immer, besser gar nicht an so große Städte denken und an die Sünder, die es dort gibt.
8 Er, am Tisch, beobachtet sie am Küchenschrank, geht zu ihr, sie unterhalten sich, nebeneinanderstehend	15,1	A	SL	—	*H.:* Dann werde ich's Ihnen eben erzählen, bevor er wieder da ist. Oder wollen Sie's nicht hören? *Mrs. C.:* Ich hab' gehört, dort streichen sich die Damen ihre Zehennägel an, stimmt das wirklich? *H.:* Manche tun es. *Mrs. C.:* Sind alle Londoner Damen so hübsch wie man sagt? *H.:* Ja, aber nicht, wenn sie neben Ihnen stehen würden.

	Bildtrakt				Tontrakt	
	Äußere Handlung Einstellung	Zeit (sec)	Kamera Größe	Bewe- gung	Geräusch	Gesprochener Text
						off, Mrs. C.: So etwas dürfen Sie nicht sagen.
9	Tür öffnet sich, Mr. Crofter bleibt im Raum stehen, beide ansehend	4,1	N N	—	—	*Mr. C.:* Was sollte er nicht sagen?
10	Beide sehen ihn an; links: Crofters Kopf groß im Bild; er geht von links nach rechts durchs Bild; H. steht im Bild; Mrs. C. geht nach links, deckt den Tisch, Crofter zieht Jacke an (Kamera-Entfernung gleich zu der anderen)	54,4	HN (Gegenschuß) G	— SR SR	—	*H.:* Ich hab' eben zu Ihrer Frau gesagt, daß ich lieber in der Stadt lebe als auf dem Land. *Mr. C.:* Das Land hat Gott geschaffen, die Städte die Menschen. *Mr. C.:* Ist das Essen fertig, Frau? *Mrs. C.:* Gleich. *H.:* Stört es Sie, wenn ich mal in der Zeitung blättere? *Mr. C.:* Bedienen Sie sich. *H.:* Danke.
11	H. liest (stehend) Titelseite der Zeitung	2	N	—	—	—
12	Petroleumlampe wird angezündet	1,4	G	—	—	—
13	Schlagzeilen der Zeitung diagonal im Bild	6	D	—	—	—
14	H. steht noch immer; sie bringt Teller, geht rechts aus dem Bild, Mr. C. setzt sich an den Tisch:	17,3	HN		Küchengeräusche; Schritte	*Mr. C.:* Ich weiß noch gar nicht Ihren Namen. *H.:* Ich heiße Hammond.
	Sie geht hinten durchs Bild nach links, mit Geschirr an den Tisch zurück.		HN	—		*Mr. C.:* Mr. Hammond, wenn Sie die Zeitung weglegen würden, könnte ich das Tischgebet sprechen! *H.:* Oh, Entschuldigung!
	H. legt Zeitung weg: Alle setzen sich an den Tisch		HT A1	—	—	
15	Crofter spricht Tischgebet	4	G	—	—	*Mr. C.:* Segne das üppige Mahl, das Du uns erbarmungswürdigen Sündern bescheret hast;
16	H. blickt auf Zeitung	3,1	N	—	—	*off:* Oh, Herr, mach'
17	Mrs. C. sieht H. an, folgt seinem Blick und sieht ihm voll ins Gesicht (en face)	4,2	N	—	—	*off:* mach, daß wir wirklich dankbar sind für Deinen Segen,

	Bildtrakt				Tontrakt	
	Äußere Handlung Einstellung	Zeit (sec)	Kamera Größe	 Beweg.	Geräusch	Gesprochener Text
18	Zeitung	2,2	G	—	—	*off:* daß wir immer und überall unsere Herzen offenhalten,
19	Sie sieht ihn an, er blickt zurück (Halbprofil); Erschrecken auf ihrem Gesicht	3,1	N	—	—	*off:* uns von den weltlichen Dingen abwenden und
20	Er sieht sie, Unschuld beteuernd, an	2,9	N US 1/2	—	—	*off:* uns ganz Dir zuwenden,
21	Crofter blickt mißtrauisch auf	1,7	N US 1/2	—	—	nur Dir
22	Man sieht die 3 Personen um den gedeckten Tisch; H. und sie sehen sich an; Crofter mißtrauisch zu beiden, noch mit gefalteten Händen an der Stirnseite des Tisches sitzend; nun steht er auf:	52,1	HT HN	— Auf- schwenk	—	*Mr. C.:* Amen. *Mr. C.:* Mir fällt ein, ich habe die Scheune nicht zugemacht!
	Crofter kommt nach vorn ins Bild, geht zur Tür, verläßt Raum			SR Rück- fahrt SL	Schritte	
23	Tritt aus heller Küche ins Dunkel nach draußen, verweilt einen Moment, geht Hauswand entlang zum Küchenfenster und bleibt dort lauschend stehen; (Beleuchtungseffekte: hell-dunkel); sieht H. und Mrs. C. über den Tisch hinweg im Gespräch	18,3	A HN	 Ran- fahrt SR	—	—
24	Crofters Kopf im Halbprofil durch Licht aus der Küche unheimlich beleuchtet	2,3	G	—	—	—
25	Blick durchs Fenster in Küche; beide im erregten Gespräch	4,1	HT	—	—	—
26	Crofter wie oben	2,4	G (Schwarzblende)	—	—	—

3. Methodisch-didaktische Hinweise

3.1 Didaktische Zielsetzungen

In der praktischen Filmarbeit mit Gruppen – und das gilt besonders für Jugendgruppen –, erfährt man immer wieder, daß das Filmerleben emotionale Effekte erzielt, die entweder Affekte aufladen oder zu irrationalen, oft gefährlichen Verallgemeinerungen des Wirklichkeitsverständnisses führen oder kulturkritische Gedankengänge entwickeln, die die Realität nur noch selektiv zu sehen vermögen. Daher muß eine sorgfältige Analyse – wegen der suggestiven Kraft der Kommunikatstruktur – den Film nicht als wiedergespiegelte Realität sehen, sondern als Werk, das nur für sich stehen will oder eine gewisse Wirkung intendiert, auf welchem Gebiet auch immer.

Über die erste naive Rezeption, der eine rationale analytische Untersuchung folgt, gelangt der Rezipient zum richtigen Verständnis des Films, das das Ergebnis der Filmuntersuchung nach sachgerechten Prinzipien ist; damit ist das Kommunikat in der Synthese bei der Betrachtung von Inhalt und Form wieder zu einer Einheit verwirklicht. Verschiedene Methoden zur Analyse bzw. Besprechung bieten sich an.

3.2 Methodische Hinweise für die Filmanalyse in Gruppenarbeit

Der ersten Methode sei eine rein technisch-praktische Bemerkung vorausgeschickt. Die technischen Mittel sind an den Bildungsinstituten recht begrenzt. Es soll daher bei den Vorschlägen auf diejenigen Hilfsmittel zurückgegriffen werden, über die sicherlich alle verfügen. Eigentlich müßte eine sehr exakte Analyse an einem Schneidetisch durchgeführt werden; das ermöglichte, den Film so oft wie erforderlich vor- und zurücklaufen zu lassen, ihn anzuhalten, um die Bilder ‚stehen' lassen zu können. Der normale Filmprojektor, der heute in Arbeitsgruppen eingesetzt werden kann, wird bald zeigen, daß weder Gerät noch Filmmaterial einer solchen Belastung gewachsen sind. (In ähnlichem Sinne gilt dies auch für die bisher erhältlichen Videorekorder.) Eine erprobte Behelfslösung ist die Verwendung eines Filmprojektors, eines Tonbandgerätes und einer Stoppuhr. Bei der Filmvorführung werden auf dem Tonband akustische Markierungen vorgenommen. Für einzelne optische Vorgänge hätte man sich auf verschiedene akustische Signale zu einigen; z. B.: Ende einer Einstellung (z. B. Klopfen), für Großaufnahme (z. B. Klingel), Totale (z. B. Summton) usw. Jeweils verschiedene Teilnehmer einer Gruppe können verschiedene akustische Zeichengebungen übernehmen. Anschließend folgte dann die Analyse der Tonbandaufnahme. Ein solches praktikables Vorgehen hat den Vorteil, daß der Rezipient die Beobachtung der Informationsübertragung des Films nicht zu unterbrechen braucht.

Der Arbeitsablauf der Filmanalyse in Gruppen kann sich in folgenden Arbeitsabschnitten vollziehen: 1) erfolgt eine Informationsvorführung des Films; 2) werden in der Gruppe die Arbeitsaufgaben thematisiert, es werden kleinere Gruppen gebildet, die bestimmte inhaltliche und technische Aspekte des Films bearbeiten sollen; 3) schließt sich eine Protokollvorführung an; 4) erstellen die Gruppen Arbeitspapiere zu den thematisierten Aspekten; 5) erfolgt eine Synthese-Diskussion: die einzelnen Gruppen berichten in der Gesamtgruppe über ihre Arbeitsergebnisse; 6) findet eine Kontrollvorführung des Films statt: wie oben erwähnt, wird er wieder in seiner Gesamtheit in den ihn konstituierenden Faktoren gesehen; 7) wird in einer Schlußbetrachtung das Gesamtergebnis noch einmal auf die vorher geleisteten Arbeitsabschnitte bezogen; 8) wäre abschließend eine nochmalige Filmvorführung nicht von der Hand zu weisen, um den Gesamteindruck zu festigen.

Für die Analyse von Spielfilmen ergibt sich nach dieser Methode eine Arbeitszeit von 9 bis 12 Stunden; diese Zeit wird zumindest bei Anfängern eingehalten werden müssen. Je mehr Erfahrung eine Gruppe in der Filmanalyse erworben hat, um so mehr wird es ihr gelingen, die Strukturfaktoren in inhaltsbezogenen sowie formalen Diagrammen und Graphiken darzustellen, so daß eine valide Evaluation immer gesicherter wird. Der Gruppenleiter jedoch muß sich stets der Tatsache bewußt sein, daß jegliche Art der Kommunikation nie bis zu letzter Eindeutigkeit dekodiert werden kann.

Eine andere Methode, die erprobt wurde, umfaßt 5 Phasen und repräsentiert die Form eines Filmgesprächs: 1) werden nach der Filmvorführung der Gesamtgruppe von einzelnen Teilnehmern die eindruckvollsten Wahrnehmungen in die Erinnerung zurückgerufen (z. B. inhaltliche Aussagen, filmische Darbietungsmittel, Sequenzen und Einstellungen); 2) lassen sich in einer Klassifizierung die Reaktionen der Rezipienten bestimmen, z. B. ästhetische, formale, philosophische, soziale; 3) wird versucht, ein Verständnis des Films zu erzielen (z. B. nach den oben erwähnten Aspekten); 4) wird eine Wertung des Films vorgenommen im Vergleich mit der Wirklichkeit oder mit anderen Filmen, mit Dramen oder Büchern; 5) sollte der Grund für die gewählte Form der filmischen Gestaltung untersucht werden.

Eine dritte und letzte Methode sei erwähnt, die besonders bei jüngeren Teilnehmern Anklang findet: das Rollenspiel des „Brain Trusts". In einer Diskussion nehmen z. B. Schauspieler, Regisseur, Kameramann, Zuschauer usw. Stellung zum Kommunikat und klären damit ihrem Wissensstand gemäß die Probleme in bezug auf die Filmanalyse, so daß der erste Schritt zur kritischen Rezeption erfolgt.

Diese letzten beiden Methoden erscheinen recht oberflächlich, sie haben allerdings den Vorteil, die Aktivität der Rezipienten über einen kulinarischen Genuß hinaus zu einer kritischen Analyse zu motivieren.

3.3 Anmerkungen für die Arbeit mit Drehbüchern

Für die Arbeit mit Gruppen scheidet die Beschäftigung mit Drehbüchern als Filmersatz fast völlig aus, da sie zu große Anforderungen an die Imaginationsfähigkeit der Gruppe stellt und das Drehbuch für eine exakte Filmanalyse zu ungenaue Angaben enthält, so daß sie ein Filmprotokoll nicht ersetzen können. Das gilt für Hitchcock selbst, der seine Filme z. T. ohne vorgeschriebene Texte drehte, wie auch für moderne Regisseure und Drehbuchautoren, z. B. für Fellinis ‚Julia und die Geister'[17], oder Schroeders ‚Stadt im Tal' (Arbeitstitel: Sanierungen)[18], bei dessen Dreharbeiten ich mit einer Gruppe Gelegenheit zur Mitarbeit hatte und praktische Erfahrungen sammeln konnte. Eine seltene Ausnahme hiervon bildet aus naheliegenden Gründen Huillet/Straubs „moses & aron"[19], die an der prinzipiellen Feststellung jedoch nichts ändert.

Anmerkungen

Zu Silbermann

[1] Film als Kunst, Berlin 1932.
[2] Der Geist des Films, Halle 1930.
[3] Bonjour Cinéma, Paris 1921.
[4] Siehe für den Anstieg in den USA von 1922–1955 die Tabelle bei *Melvin L. De Fleur*, Theories of Mass Communication, New York 1966, S. 20, abgedruckt bei: *Alphons Silbermann* (Hrsg.) Mediensoziologie, Bd. 1: Film, Düsseldorf/Wien 1973, S. 30.
[5] Der Film als Ware, Basel 1946.
[6] Vgl. hierzu *Walter Dadek*, Die Filmwirtschaft, Freiburg i. Brsg. 1957; *Heinz Bergner*, Versuch einer Filmwirtschaftslehre, Berlin 1966; *Claude Degand*, Le Cinéma ... cette industrie, Paris 1972 u. a. m.
[7] Die Regeln der soziologischen Methode, hrsg. von *René König*, Neuwied/Berlin, 2. Aufl., 1965 (zuerst Paris 1895).
[8] *Gilbert Cohen-Séat*, Film und Philosophie. Ein Essay, Gütersloh 1962, S. 35 (zuerst Paris 1958).
[9] America as a Civilization, New York 1957.
[10] Movies. A Psychological Study, New York 1950 (Neuauflage 1971).
[11] Aus dem Kapitel „Lovers and Loved Ones" findet sich ein Auszug in deutscher Sprache bei *Alphons Silbermann* (Hrsg.), op. cit., S. 86 ff.
[12] From Book to Film, Chicago 1949, auszugsweise abgedruckt bei *Bernard Berelson* und *Morris Janowitz* (Hrsg.), Reader in Public Opinion and Communication, New York 1953, S. 299 ff. sowie in Deutsch bei *Alphons Silbermann* (Hrsg.), op. cit., S. 179 ff. Vgl. hierzu auch *B. Estermann*. Die Verfilmung literarischer Werke, Bonn 1965; *Friedrich Knilli*, *Knut Hickethier* und *Wolf Dieter Lützen* (Hrsg.), Literatur in den Massenmedien, München/Wien 1976.
[13] Von Caligari bis Hitler, Hamburg 1958 (zuerst Princeton 1947). In dem Film führt ein Wahnsinniger eine Bande von Verbrechern an, die Plünderungen, Zerstörungen, Brände usw. organisieren.
[14] Stuttgart 1958 (zuerst Paris 1956).
[15] Hierzu ausführlich *Alphons Silbermann*, Systematische Inhaltsanalyse, in: *René König* (Hrsg.), Handbuch der empirischen Sozialforschung, Bd. 4, Stuttgart 1974. Ferner siehe für die Arbeitsweise der systematischen Inhaltsanalyse im deutschen Sprachraum: *Gernot Wersig*, Inhaltsanalyse. Einführung in ihre Systematik und Literatur, Berlin 1968; *Renate Mayntz*, *Kurt Holm* und *Peter Hübner*, Einführung in die Methoden der empirischen Soziologie, 3. Aufl., Opladen 1972; *Hansjörg Bessler*, Aussagenanalyse, Bielefeld 1970; *Manfred Kops*, Auswahlverfahren in der Inhaltsanalyse, Meisenheim am Glan 1977.
[16] Siehe hierzu die Analysen in *Margaret Mead* und *Rhoda Métraux*, The Study of Culture at a Distance, Chicago 1953.
[17] *Hansjörg Bessler*, op. cit., S. 25.
[18] Siehe hier zu *Charles E. Osgood* und *Lois Anderson*, Certain Relations Between Experienced Contingencies, Association Structure, and Contingencies in Encoded Messages, in: American Journal of Psychology, Bd. 70, 1957, S. 411 ff.
[19] Siehe hierzu *Harold D. Lasswell*, *Daniel Lerner* und *Ithiel de Sola Pool*, The Comparative Study of Symbols. An Introduction, Stanford 1952 sowie Dies., Symbols of Internationalism, Stanford 1951; Dies., Symbols of Democracy, Stanford 1952.
[20] Siehe hierzu *Charles E. Osgood*, The Representational Model and Relevant Research Methods, in: *Ithiel de Sola Pool* (Hrsg.), Trends in Content Analysis, Urbana, III., 1959, S. 33 ff. sowie *Gottfried Deetjen*, Industriellenprofile in Massenmedien. Ein neuer Ansatz zur Aussagenanalyse, Hamburg 1977.

[21] Hierzu *Peter Atteslander*, Methoden der empirischen Sozialforschung, 4. Aufl., Berlin/New York 1975, *Renate Mayntz* et al., op. cit.

[22] Hierzu *F. Böltken*, Auswahlverfahren, Stuttgart 1976.

[23] op. cit., S. 29.

[24] Unter den auf systematischer Inhaltsanalyse beruhenden Filmanalysen seien angeführt und zur Lektüre empfohlen: *Siegfried Kracauer*, National Types as Hollywood Presents them, in: Public Opinion Quarterly, Bd. 13, 1949; *Georga Wiest-Welk*, Das Bild der Mutter im westdeutschen Nachkriegsfilm in: *Alphons Silbermann* (Hrsg.), Die Massenmedien und ihre Folgen, München/Basel 1970; *Dorothea Hollstein*, Antisemitische Filmpropaganda. Die Darstellung des Juden im nationalsozialistischen Spielfilm, München-Pullach/Berlin 1971; *Martin Osterland*, Gesellschaftsbilder in Filmen. Eine soziologische Untersuchung des Filmangebots der Jahre 1949 bis 1964, Stuttgart 1970; *Willi Höfig*, Der deutsche Heimatfilm 1947–1960, Stuttgart 1973; *Otto Hesse-Quack*, Der Übertragungsprozeß bei der Synchronisation von Filmen, München/Basel 1969; *Gregory Bateson*, An Analysis of the Nazi Film „Hitlerjunge Quex", in: *Margaret Mead* und *Rhoda Métraux* (Hrsg.), op. cit.; *F. B. Emery*, Psychological Effects of the Western Film, in Human Relations, Bd. 12, 1959; *Dorothy B. Jones*, Quantitative Analysis of Motion Picture Content, in: Public Opinion Quarterly, Bd. 14, 1950; *Gerd Albrecht*, Nationalsozialistische Filmpolitik, Stuttgart 1969; *Peter Pleyer*, Nationale und soziale Stereotypen im gegenwärtigen deutschen Spielfilm, Münster 1968.

[25] Siehe hierzu u. a. *Alphons Silbermann*, Massenkommunikation, in: *René König* (Hrsg.), Handbuch der empirischen Sozialforschung, Bd. 10, Stuttgart 1977; *Alphons Silbermann* und *Udo Michael Krüger*, Soziologie der Massenkommunikation, Stuttgart 1973; *Josef Hackforth*, Massenmedien und ihre Wirkungen, Göttingen 1976.

[26] Die für viele ihr nachfolgenden Untersuchungen grundlegende Serie enthält im einzelnen Forschungsberichte von *Herbert Blumer* („Movies and Conduct", N. Y. 1933) über das Verhältnis von Filmen und Verhalten; *Herbert Blumer* und *Philipp M. Hauser* („Motion Pictures, Delinquency, and Crime", N. Y. 1933) über die Bestimmung der Wirkungen von Filmen auf Kriminelle und Delinquenz; *W. W. Charters* („Motion Pictures and Youth", N. Y. 1933) über das Verhältnis von Film und Jugendlichen mit der Erkenntnis, daß der Film einen unter vielen Einflüssen ausmacht; *P. Cressey* und *F. M. Trasher* („Boys, Movies and City Streets, N. Y. 1933) über die Elemente Suggestion und Imitation durch den Film bei Jugendlichen; *Edgar Dale* („How to Appreciate Motion Pictures", N. Y. 1933) über Wertschätzung von Filmen; über Film-Besucherfrequenzen von Jugendlichen („Children's Attendance at Motion Picturę", N. Y. 1935); über Stellvertretung und Eskapismus im Film („The Content of Motion Pictures", N. Y. 1935); *W. S. Dysinger* und *C. A. Ruckmick* („The Emotional Responses of Children to the Motion Picture Situation", N. Y. 1933) über die emotionalen Reaktionen von Kindern gegenüber Filmen; *P. W. Holaday* und *G. W. Stoddard* („Getting Ideas from the Movies", N. Y. 1933) über das Problem der Behaltensgrade von Filmelementen bei Jugendlichen; *Mark A. May* und *Frank K. Shuttleworth* („The Social Conduct and Attitude of Movie Fans", N. Y. 1933) über Sozialverhalten und Attitüden von Filmfans; *C. J. Peters* („Motion Pictures and Standards of Morality", N. Y. 1933) über das Verhältnis von Film und moralischen Standards; *S. Renshaw, V. L. Miller* und *D. Marquis* („Children's Sleep", N. Y. 1933) über die Bewegungsfähigkeit im Schlaf von Kindern nach Ansehen eines Films; *Lewis L. Thurstone* und *Ruth C. Peterson* („Motion Pictures and the Social Attitudes of Children", N. Y. 1933) über das Verhältnis von Filmen und Attitüden bei Kindern. Abstrahiert finden sich die „Payne Fund Studies" dargestellt bei *Wilbur Schramm*, *Jack Lyle* und *Edwin B. Parker* („Television in the Lives of Our Children", Stanford, Cal., 1961); *J. C. Jarvie* („Towards a Sociology of the Cinema", London 1970); teilweise bei *Kimball Young* („Handbook of Social Psychology", London 1946).

[27] Siehe z. B. *Edgar Morin*, op. cit., *Jacques Siclier*, Le Mythe de la femme dans, le cinéma americain, Paris 1956; *Christian Metz*, Le cinéma. Langue ou langage; in: Communications, Bd. 4, 1964, *Annie Goldmann*, Cinéma et société moderne, Paris 1971.
[28] Siehe z. B. *Karl Held*, Kommunikationsforschung – Wissenschaft oder Ideologie? Materialien zur Kritik einer neuen Wissenschaft, München 1973; *Dieter Prokop*, Soziologie des Films, Darmstadt/Neuwied 1974.
[29] Siehe z. B. *Roger Manvell*, The Film and the Public, Harmondsworth 1955; *Carl I. Hoyland*, *Arthur Lumsdaine* und *Fred D. Sheffield*, Experiments on Mass Communication, Princeton, N. J., 1949; *Eunice Cooper* und *Helen Dinerman*, Analysis of the Film ,,Don't be a Sucker", in: Public Opinion Quarterly, Bd. 15, 1951.
[30] Theorie des Films, Frankfurt/M. 1964 (zuerst New York 1960).
[31] *W. Epstein*, ,,Kino und Volksbildung", in: Volksbildungsarchiv, 5, 1917; *E. Ackerknecht*, ,,Das Lichtspiel im Dienste der Bildungspflege", Berlin 1918; *Hanns Eisler*, ,,Composing for the Films", New York 1947; *Theodor W. Adorno* und *Hanns Eisler*, ,,Komposition für den Film", München 1969; *Siegfried Kracauer*, ,,Theorie des Films", a. a. O.; *Roger Manvell* und *John Huntley*, ,,Technique of Film Music", New York 1967.
[32] Siehe hierzu die Darstellung bei *Günther Schiwy*, Strukturalismus und Zeichensysteme, München 1973.
[33] Eine allgemeine Darlegung hierzu findet sich bei *Colin Cherry*, Kommunikationsforschung. Eine neue Wissenschaft, Frankfurt/M. 1963 (zuerst Cambridge, Mass., 1957).
[34] Zum Film als kunstsoziologisches Phänomen siehe die Bibliographie in *Alphons Silbermann*, Empirische Kunstsoziologie. Eine Einführung mit kommentierter Bibliographie, Stuttgart 1973.

Zu Schaaf

[1] Wirkungsorientierte Filmanalyse bildet die Grenze zum nächsten Bereich der Medienpädagogik: der Medienerziehung, denn das Erkennen von Mechanismen der Filmwirkung macht den Erkennenden zugleich resistent gegen Manipulation.
[2] Dieses Faktum ist näher erläutert in: *Martin und Margarethe Keilhacker:* ,,Jugend und Spielfilm", a. a. O. und *Erich Wasem*: ,,Jugend und Filmerleben", a. a. O.
[3] Es scheint sinnvoll, unter Filmkritik einen bestimmten Typ von Zeitungsartikel und unter Filmanalyse die systematische Faktenaufbereitung zu einem Film zu verstehen.
[4] *Erich Feldmann:* ,,Es bedarf aber einer philosophischen Wesensbestimmung des komplexen Kulturgebildes Film . . ." ,,Theorie der Massenmedien", a. a. O.
[5] *Siegfried Kracauer* hat in seinen Schriften Grundlagen geschaffen für eine kommunikationssoziologische Betrachtungsweise des Films, vgl. besonders ,,Das Ornament der Masse", Frankfurt 1963, und ,,Von Caligari bis Hitler", a. a. O. zu.
[6] *Christian Metz* faßt in ,,Semiologie des Films", a. a. O., die Fragmente einer linguistisch orientierten Filmtheorie zusammen, die anläßlich eines Vortrages des italienischen Regisseurs Pasolini auf dem Festival von Pesaro 1965 ihren Anfang nahm.
[7] Dies wird der Fall sein, wenn ein Spielfilm nur kurze Zeit zur Verfügung steht und wichtige Fakten für die weitere Analyse auf anderen Medien festgehalten werden müssen (etwa durch Abfotografieren, Tonüberspielung, etc.), auch die Grundlagen der Analysetechnik werden dann durch andere Medien vermittelt.
[8] Das ,,Lernsystem Medienkunde" des FWU ist dafür ein besonders typisches Beispiel.
[9] Dies ist die üblichste Form der Praxis: anhand eines Filmes werden Grundlagen vermittelt, anschließend wird der Film analysiert. Praktiziert wird dieses Verfahren auch in der Schulfernsehsendung von WDR und NDR über den Film *Nordsee ist Mordsee*.

[10] Dies ist eine Möglichkeit, die zumindest für unser Schulsystem heute noch utopisch klingt, die aber eigentlich eine zu fordernde Anpassung an die heutige Strukturierung der Umwelt und die damit notwendigen Sozialisationshilfen darstellt.
[11] Die Distanz, die besonders jugendliche Rezipienten heute zu den spezifischen Gestaltungsmitteln des Stummfilms haben, fördert die Aufmerksamkeit für spezielle Konstituenten (Schnitt, Kameraführung, etc.).
[12] Empirische Untersuchungen haben ergeben, daß Jugendliche imstande sind, während einer Spielfilmsendung im Fernsehen noch zwei weitere Dinge zu tun, z. B. essen und sich mit jemanden unterhalten, ohne daß ihnen der Überblick über die Filmhandlung verloren ginge.
[13] Wobei zu bedenken ist, daß Filmanalyse vielleicht für Schüler attraktiver wirkt, aber vom zeitlichen und methodischen Aufwand erheblich höher ist als andere Medienanalysen.
[14] Hier unterscheiden sich die Rahmenrichtlinien in den einzelnen Bundesländern. Nur in wenigen erscheint die Analyse von AV Medien explizit, in allen ist aber der Vorschlag der Beschäftigung mit ,,Gebrauchsmedien" inzwischen enthalten.
[15] Vgl. *Gerhard Maletzke*, ,,Psychologie der Massenkommunikation" a. a. O.
[16] Der Terminus Medium wird unterschiedlich angewandt. Hier wird darunter ein technischer Träger (Filmmaterial) und ein Zeichensystem zur Informationsübermittlung (filmischer Code = Bild, Sprache, Musik) verstanden.
[17] Vgl. ausführlicher *M. Schaaf*, ,,Medienpädagogik – Begriffe, Bereiche, Bezüge" a. a. O.
[18] Die Informationen ,,Fliege" und ,,Wassertropfen" werden z. B. in der Eingangssequenz von *Spiel mir das Lied vom Tod* nur akustisch gegeben.
[19] Schon früh in der Filmgeschichte gibt es Versuche, solche Listen von Bedeutungseinheiten aufzustellen. Eisenstein, Pudowkin und andere Theoretiker unternahmen dazu umfangreiche Versuche.
[20] Dies ist z. B. an frühen Filmen des Horror-Genres sehr deutlich zu sehen. Filme wie *Orlac's Hände* oder der ursprüngliche *King Kong* wirken nicht mehr erschreckend, sondern belustigend.
[21] Unglücklicherweise manifestiert auch die Filmförderung in der Bundesrepublik diesen Zustand, da bis zur Novellierung des Filmförderungsgesetzes Förderungsprämien nach Einspielergebnissen bemessen verteilt werden.
[22] Als einer der ersten wies *Peter Bächlin* in ,,Film als Ware" auf diesen Umstand hin; vgl. auch *Oskar Negt/Alexander Kluge* in ,,Öffentlichkeit und Erfahrung (a. a. O.); *Dieter Prokop*, ,,Soziologie des Films" (a. a. O.).
[23] Der Begriff ,ideologische Implikation' spielt in der neueren Literatur zur Filmanalyse eine immer größere Rolle; vgl. *Helmut Seiffert* ,,Information über die Information" München 1972, *Martin Osterland*, in: Karsten Wittes Sammelband ,,Theorie des Kinos" a. a. O. und *Dieter Krause* ,,Noch einmal: Was ist Ideologie?" in: ,,Das Argument" 13/1971.
[24] Grundsätzliche Überlegungen dazu finden sich in dem Beitrag von *H. Schatz* ,,Manipulation der Meinungsbildung" Opladen 1971, in dem gleichbetitelten Buch von Ralph Zoll und dem Buch von *Gerhard Schmidchen* ,,Manipulation – Freiheit negativ" Neuwied 1970. Dort sind Prinzipien erläutert, die etwa zur sinnvollen Analyse der zum Zwecke des Nachweises von Einstellungsänderung oft herangezogenen Filme aus der Produktion der NS-Zeit benutzt werden können.
[25] Die Entwicklung dieser Theorie geht auf Lion Festinger zurück; vgl. *Wilbur Schramm* ,,Grundfragen der Kommunikationsforschung" a. a. O.
[26] Vgl. 24 Verschiedenen Formen von Selektion bei massenmedialer Rezeption *Walter Gieber/Karsten Recksdorf* in: Dieter Prokops ,,Massenkommunikation" a. a. O. und *Hertha Stürmers* Beitrag in Ulrich Saxers ,,Fernsehen Stichwort Objektivität" a. a. O. verdeutlicht.

[27] Es ist wichtig, darauf hinzuweisen, daß die Abgrenzung der Hauptgattungen durch unterschiedliche Kriterien geschieht: Spielfilm ist vom Dokumentarfilm durch die Wahl der Darstellungsmittel, Spielfilm vom Trickfilm durch die Wahl der Gestaltungsmittel abgegrenzt.
[28] Die Problematik einer zu rigorosen Kategorisierung wird für den deutschen Film der zwanziger Jahre von *Lotte Eisner* in ,,Dämonische Leinwand" a. a. O. deutlich gemacht.
[29] Angeregt wurde die Diskussion um diesen Begriff durch die Schriften *Lucien Goldmanns*.
[30] Erwähnt sei, daß es eine Reihe von medienkundlichen Filmen gibt, die einen umgekehrten Ansatz haben: sie beweisen, wie wenig ‚dokumentarisch' Dokumentarfilme sind (‚Dokumentarisch – Dokument?', ‚Objektiver Dokumentarfilm', ‚Wie informiert das Fernsehen', usw.).
[31] Vgl. *Arnheim* ,,Film als Kunst", a. a. O.
[32] Berühmte ,,Teams" sind etwa der Stab um John Ford, um Jean Luc Godard, um Rainer Werner Faßbinder.
[33] So zum Beispiel bei Vergleichen der Filme von Truffaut, Chabrol, Godard und Lelouch auf der einen und Schloendorff, Kluge, Faßbinder und Reitz auf der anderen Seite.
[34] Eine recht umfassende Darstellung aller Faktoren des filmischen Konsumtionsprozesses gibt *Jarvie* in seinem Buch ,,Film und Gesellschaft", a. a. O.
[35] Im Unterschied zum ,,Konsumfilm" wäre die Kategorie des ,,Reflexionsfilms" zu konstruieren.
[36] Eine recht gute Übersicht über die Funktionen des Konsumfilms gibt *Georg Seeßlen* in ,,Romantik und Gewalt", 3 Bde., München (Manz) 1973.
[37] Unterschiedliche Bewertungen finden sich etwa in Filmhistorien wie der ,,Geschichte des Films" von *Gregor/Patalas* und der ,,Geschichte der Filmkunst" von *Sadoul*, a. a. O.
[38] Auch Konsumfilme sind Produkte einer bestimmten Kultur; präziser wäre also zu sagen: ein Produkt mit Anspruch auf reflektierte Rezeption.
[39] Eine Untersuchung über den Einsatz von Spielfilmen im Bildungsbereich führte in diesem Jahr *Josef Hitpaß* unter dem Titel ,,Film als Bildungsmittel", Köln 1978, durch.
[40] Auskunft darüber gibt das Periodikum ,,Film und Fernsehen in Forschung und Lehre" der Stiftung deutsche Kinemathek, Berlin (ab 1978).
[41] Grundvoraussetzung eines solchen Kataloges ist die Übereinstimmung mit den Thesen des ,,exemplarischen Lernens".
[42] Allein das Fernsehen könnte hier durch systematische Produktionen Abhilfe schaffen.
[43] Basisinformation bieten das ,,Lexikon Film", Hrsg. *Ulrich Kurowski* a. a. O. oder die ,,Filmgeschichte in Stichworten" von *Benjamin Eichsfelder*, Hagen 1951 (allerdings nicht mehr neu aufgelegt) oder als umfassendstes Nachschlagewerk ,,The Filmgoers Companion" Frogmore 1973. Leider fehlt ein kurzes und übersichtliches Buch auf zeitlich neuestem Stand.
[44] So sehr die Unterscheidbarkeit dieser vier Elemente offensichtlich und deren Zusammenwirken selbstverständlich scheint, so überraschend sind die Ergebnisse, wenn anläßlich einer Filmanalyse eines der Elemente experimentell ausgetauscht oder verändert wird. Erst dann wird der Einfluß des einzelnen Elementes an der Bedeutungsbildung meßbar.
[45] Im Stummfilm waren die einzelnen Teile deutlich dadurch abgegrenzt, daß für die Kommentierung zwischen Einstellungen, Szenen und Sequenzen jeweils unterschiedliche Typen von Inserts genommen wurden – meist unterschieden durch ihre grafische Aufmachung (Initialen, Ornamentrahmen, usw.).
[46] Der Analyse der einzelnen Einstellung kommt eine recht große Bedeutung zu. Allein eine Untersuchung der Länge von Einstellungen kann interessante Ergebnisse bringen.

So kann beispielsweise festgestellt werden, daß im russischen Film der zwanziger Jahre 90 % aller Einstellungen kürzer als drei Sekunden waren, während im deutschen Film der gleichen Zeit 80 % aller Einstellungen länger als fünf Sekunden waren (gezählt an jeweils 15 Filmen).

[47] Die Übernahme von Terminen aus der literarischen Rhetorik basiert auf einem Aufsatz von *Ekkat Kaemmerling* in „Semiotik des Films", Hrsg. F. Knilli, a. a. O. der eine solche Anwendung vorschlägt.

[48] Die Auflistung der Montageformen scheint sehr abstrakt zu sein. Bei intensiver Beschäftigung mit einer Analyse wird jedoch auffallen, daß alle genannten Formen in fast jedem Spielfilm eines bekannten Regisseurs auftauchen. Ein wesentliches formales Merkmal von Trivialfilmen ist ihre Armut an Montageformen oder die Verwendung stereotyper Formen.

[49] Es ist weit verbreitet, alle Typen filmischer Syntagmen mit ‚Sequenz' zu bezeichnen. Allerdings vergröbert eine solche Zusammenfassung unzulässig die descriptive Wiedergabe des Films.

[50] Zur Analyse solcher Faktoren ist es oft aufschlußreich, die Verleihankündigungen, Plakate, Pressemappen, usw., die zu einem Film herausgegeben werden, zu untersuchen. Sie spiegeln deutlich die Kommunikationsabsicht.

[51] *Albrecht, Gerd:* Die Filmanalyse. Düsseldorf 1964.

[52] Eine Einführung in die Methodik der Inhaltsanalyse bieten folgende Bücher: *Wersig, Gernot:* „Inhaltsanalyse". Berlin 1968. *Walter, Erich:* „Semiotische Analyse". SPITZ 1501965. *Bech, Gerhard:* „Zum Problem der Inhaltsanalyse". Studia Neophilologica 27/1955. *Berelson u. a.:* „Die Bedeutungsanalyse von Kommunikationsmaterialien". In: König, René: „Praktische Sozialforschung", Dortmund 1952. *Silbermann, Alphons:* „Systematische Inhaltsanalyse". In: König René: „Handbuch der europäischen Sozialforschung". Stuttgart 1960. *Beckerath, u. a.:* „Handwörterbuch der Sozialwissenschaften". Stuttgart 1956.

[53] Sollte allerdings kein Drehbuch des Films vorliegen, wird das Notieren von Einstellungsgrößen, Bildinhalten, Kamerabewegungen, etc. zur Fleißarbeit.

[54] Vgl. *Bernward Wember* „Objektiver Dokumentarfilm?", a. a. O. eine einfache aber präzise morphologische Analyse.

[55] Die gelungensten wirkungsgenetischen Analysen bestimmter Filmgenres bieten oft die Parodien. In ihnen wird ja unter Beibehaltung formaler Elemente die inhaltlichen Elemente bis zur Umkehrung verfremdet. Insbesondere wird dies natürlich bei der Überführung eines Fiction-Film-Themas in den Animationsfilm sichtbar. So stellt der Trickfilm *Der wildeste Westen* des Italieners Bozetto eine präzise genetische Analyse der Konstituenten des Western-Genres dar.

[56] Zur Erstellung von Analysen mittels induktiver Methoden gibt es in der Bundesrepublik einige Stellen, die über Materialkataloge verfügen und damit wesentliche Hilfsmittel bieten können. Es sind dies: Stiftung deutsche Kinemathek, Berlin. Deutsches Institut für Filmkunde, Wiesbaden. Bundesarchiv, Koblenz.

[57] Eine umfassende soziologische Analyse eines Genres bietet *Willi Höfig* in „Der deutsche Heimatfilm". Stuttgart 1973.

[58] Vgl. *Hansjörg Bessler*, „Aussageanalyse". Düsseldorf 1970.

[59] Bedeutungsanalyse kann – aber muß nicht – mit dem Begriff der Filminterpretation identisch sein. Im Gegensatz zu den interpretativen Methoden kann die subjektive Empfindung des Rezipienten ausgeklammert werden. Relevant ist nur, ob er die Elemente des Films zu entschlüsseln imstande ist. Leider ist es in Cineastenkreisen üblich, einen Film um so höher zu bewerten, je weniger Rezipienten eine Entschlüsselung gelingt. Aus kommunikationstheoretischer Sicht sind aber solche Filme schlechte Filme, da sie ihrem Charakter als Medium nicht gerecht werden.

[60] Im Unterschied zu den anderen Methoden, wird bei den ideologiekritischen Methoden der Filmanalyse eine Wertung der medialen Vermittlung und auch des medial Ver-

mittelten vorgenommen. Das heißt, daß der Analysierende nicht nur zu bewerten hat, ob die mediale Darstellung der Realität ideologisch beeinflußt ist (darin liegt das Schwergewicht der strukturalistischen Analyse), sondern auch durch welche Ideologie die Gesellschaft bestimmt wird, in der der Film entstand.

61 Strukturalistische Methoden für die gesellschaftliche Analyse wurden von *Claude Levi-Strauss* „Strukturale Anthropologie", Frankfurt 1967 entwickelt. Für die Literaturanalyse werden diese Theorien von *Lucien Goldmann* „Soziologie des Romans", Neuwied 1970 modifiziert.

62 Die von *Karl Marx* und *Friedrich Engels* grundgelegten Theorien zu Kunst und Literatur „Über Kunst und Literatur", Frankfurt 1968 wurden von *Georg Lukacs* „Schriften zur Literatursoziologie", Neuwied 1968 zu Analysemethoden ausgearbeitet. Auf dieser Rezeption marxistischer Theorien beruht weitestgehend auch die marxistische Filmanalyse.

63 Es ist spezifisch für die marxistische Medientheorie, daß die Theorie der Analyse und die Theorie der Produktion auf gleichen Ansätzen basieren. Daher kann zum Verständnis einer marxistischen Analysemethode das theoretische Werk der klassischen sowjetischen Regisseure dienen, z. B. *Sergej M. Eisenstein*: „Werke, München 1975, *Dziga Vertow*: „Schriften zum Film", München 1975 und *Wsewolod Pudowkin*: „Der sowjetische Film", Frankfurt 1966.

64 Filmtheorie, ausgehend von der Basistheorie des historischen Materialismus, sieht im Film ein Instrumentarium, Klassenunterdrückung und soziale Ungerechtigkeit aufzuzeigen, ggf. zu überwinden. Daran orientierte Filmanalyse soll deutlich machen, ob die analysierten Filme diesem Anspruch gerecht werden oder ob sie umgekehrt emanzipatorischen Tendenzen entgegenwirken.

65 In den meisten Fällen der Praxis werden die Bewertungskriterien vorgegeben sein; es ist bekannt, ob ein Film allgemein als „Filmkunstwerk" oder als „Trivialfilm" eingestuft wird.

66 Als Beispiel sei das Thema „Emanzipation der Frau" genannt, das in den unterschiedlichsten Filmgenres und verschiedenen Darstellungsweisen behandelt wurde. Dazu gibt einen guten Überblick: „Film und die Emanzipation der Frau" Aachen 1975.

67 Eine wichtige Hilfe zur Untersuchung der Aussageintention von Filmen sind Äußerungen der Regisseure. Eine recht nützliche Sammlung von authentischen Äußerungen, Transskriptionen von Interviews und Selbstdarstellungen bieten die Bände der Reihe ‚Film' des Hanser Verlages (Sonderbände der Reihe Hanser seit 1975 – geplant mit etwa 30 Bänden).

68 Eigentümlicherweise gibt es recht wenig Analysen von Filmwirkung, lediglich über die Wirkungen von Gewaltdarstellungen in Filmen und über die Wirkung von politischer Propaganda im Film.

69 Als Beispiel sei die starke Wirkung etwa des Films *Love Story* genannt, dessen filmhistorische Bewertung sehr schlecht ausgefallen ist.

70 Trickfilme werden in der Analyse zumeist wie Spielfilme behandelt. Damit wird ihrem spezifischen Charakter aber nicht Rechnung getragen. Es geht bei der geschilderten Form der Filmanalyse für Animationsfilme darum zu zeigen, daß bestimmte Themen durch den Trickfilm dargestellt werden können, die im Spielfilm nur sehr schwierig darzustellen wären.

71 Die Analyse von Animationsfilmen wird dadurch erleichtert, daß viele Institutionen, wie Landeszentralen für politische Bildung, Landesfilmdienste, Stadt- und Kreisbildstellen, usw. inzwischen über eine große Anzahl von Trickfilmen verfügen; besonders sei die Landeszentrale für politische Bildung Düsseldorf erwähnt, die ein Angebot von über 100 solcher Filme bereit hält. Das Angebot an Spielfilmen, die über längere Zeit kostenlos auszuleihen sind, ist bedeutend geringer. Natürlich sind solche Filme von ihrem Inhalt her didaktisch strukturiert. Um Serientrickfilme in die Analyse einzubeziehen,

müssen entweder Fernsehserien (*Schweinchen Dick*, *Der rosarote Panther*) oder Super 7 Heimfilme (*Donald Duck*, *Superman*) herangezogen werden.

[72] In der Literatur zur Filmgeschichte und Filmanalyse findet sich bisweilen der Begriff der Erzählweisen des Films. Dieser Begriff ist in dem hier benutzten Begriff der filmischen Darstellungsweise enthalten. Der Begriff ‚Erzählweise' wird deshalb nicht benutzt, weil zumindest im Zusammenhang mit dem Problem des filmischen Realismus eine exakte Begriffsbildung erschwert würde. Dazu: *Siegfried Kracauer*, „Theorie des Films", Frankfurt 1963.

[73] Einige exemplarische Analysen von verschiedenen Dokumentarfilmen sind zusammengestellt in *Reent Schwarz*, „Didaktik der Massenkommunikation", Stuttgart 1974.

[74] Der Begriff der filmischen Fehlleistung, der mehr als Terminus, denn als Begriff aus den Theorien Sigmund Freuds hergeleitet ist, wurde von *Bernward Wember* anläßlich einer Fernsehsendung des ZDF, in der er eine ideologiekritische Analyse eines FWU Films *Bergarbeiter im Hochland von Bolivien* vornimmt, in die Diskussion über Methoden der Filmanalyse aufgenommen.

[75] Der Beginn filmanalytischer Tätigkeit lag in den 50er Jahren bei den Jugendfilmclubs und studentischen Film AGs. In den 60er Jahren verlagerte sich das Schwergewicht auf Vortragsreihen und Seminare bei Volkshochschulen. Erst zum Ende unseres Jahrzehnts geht filmanalytische Arbeit in den Schulunterricht ein. Grundsätzlich sind die Adressatenkreise in beiden Fällen unterschiedlich: Beim Einsatz von Filmanalyse im Schulunterricht ist die Motivation extrinsisch, d. h. die Notwendigkeit, Leistungsnachweise zu erbringen, veranlaßt den Schüler, die geforderten Lernschritte mitzuvollziehen. Dabei wird in vielen Fällen das Erlernen von Methoden der Filmanalyse reizvoller empfunden als anderer Lernstoff. Dazu kommt, daß die Lerninhalte im Bereich Filmanalyse für den Schüler nicht ungewohnt sind. Anders bei den beiden zuerst genannten Fällen. Die Motivation muß hier intrinsisch sein, d. h. ein persönliches Interesse am Film und seiner Analyse muß bei den Lernenden vorhanden sein; für sie ist die Beschäftigung mit Filmanalyse ein Teil ihres Freizeitverhaltens und Alternative gegenüber anderen Beschäftigungen konsumtiver, produktiver oder didaktischer Art.

[76] Eine richtig praktizierte Filmanalyse sollte – abgesehen einmal von Berufsfilmkritikern – möglichst nicht zur Strapaze werden.

[77] Vgl. dazu: *Franz Stuke* u. *Dietmar Zimmermann*: „Praktische Kommunikationslehre", Münster 1975.

[78] Vgl.: *Hans C. Blumenberg*: „Film Positiv", Düsseldorf 1968.

[79] Vgl.: *Werner u. Ingeborg Faulstich*: „Modelle der Filmanalyse", München 1977.

[80] Vgl.: *Reent Schwarz*: „Manipulation durch Massenmedien – Aufklärung durch Schule", Stuttgart 1974.

[81] Vgl.: Film 1966, Velbert 1966.

[82] Am sinnvollsten ist hier der Ansatz des Materials des ‚Lernsystems Medienkunde' München (FWU) 1974.

[83] Zum Beispiel die sogenannten ‚Ausschnittfassungen zur Medienkunde' von Spielfilmen hergestellt durch das FWU München.

[84] So scheint es sinnvoll, Filmanalyse nicht nur neben Literaturanalyse zu stellen, sondern auch als Teilbereich der Beschäftigung mit Systemen der Massenkommunikation zu sehen. Dies geschieht bei *Werner Nowak* in „Visuelle Bildung", Villingen 1967, *Johannes Borchardt u. a.* in „Audiovisuelle Medien in der Schule", Ravensburg 1972 und *Ludwig Kerstiens* in „Unterrichtsthema: Massenkommunikation", Heilbronn 1976.

[85] Praktische Hinweise zu diesen drei Bereichen finden sich in: *Wolfgang Funke* u. a.: „Thema Massenmedien", Düsseldorf 1974, *Michael Schaaf*: „Medienpädagogik" Bd. 1 Aachen 1977 – „Schüler erfahren Fernsehen", Aachen 1978. *Gerd Monheim* u. a.: „Schüler machen Filme", Aachen 1978.

[86] Die ersten drei Einheiten sind unter Umständen bereits durch eine Einführung in die Medienkunde abgedeckt.

87 Die Operationalisierung ist weitgehend von den medialen Möglichkeiten abhängig: So ist ein Filmprotokoll überflüssig, wenn ein Drehbuch zur Verfügung steht, kann aber manchmal zum Zweck der Einübung des analytischen Sehens trotzdem mit Nutzen praktiziert werden. Das gleiche gilt für Sequenzlisten, wenn es ein Storyboard oder eine detaillierte Inhaltsangabe zum Film gibt. Die Analyse von Montageformen wird durch Bildbände mit sämtlichen Szenenfotos eines Films sehr erleichtert; die schwierige Transcription der Einstellung und Montagen entfällt dann auch.

88 Für die Analyse von Spielfilmen wird es zumeist zu kostspielig, 16 mm Kopien bei einem Verleih auszuleihen. Das Angebot der Bildstellen, Landesfilmdienste und Landeszentralen für politische Bildung an Spielfilmen ist nicht sehr groß. Eine Abhilfe schafft die Aufzeichnung auf Video. Wenn Filme im Fernsehen ausgestrahlt werden, ist eine Aufzeichnung und Benutzung in der geschlossenen Gruppe zu Analysezwecken erlaubt. Die Gesamtüberspielung eines entliehenen Filmes vom Projektor über Filmabtastvorsatz oder Multiplexer ist grundsätzlich nicht zulässig – die ausschnittweise Übernahme dagegen erlaubt.

89 Eine solche Methode wird auch praktiziert in der Schulfernsehreihe der Medienkunde. Anhand eines Spielfilms – ,,Nordsee ist Mordsee" – werden die einzelnen Elemente, die zur Filmanalyse wichtig sind, vorgestellt, und die Methode der Analyse eingeübt.

90 Diese Methode wird angewandt bei dem bereits erwähnten Lernsystem Medienkunde ,,Meinungsfreiheit oder werden wir manipuliert?" des FWU. Einem Medienverbundsystem mit teilprogrammierter Unterweisung, Arbeitsmaterial in Buchform, 16 mm Filmen, Dias, Tonbändern und Overheadfolien.

91 Beispiele dieser Methode werden vorgestellt in: *Alex Diel* (Hrsg.): ,,Kritische Medienpraxis", Köln 1974.

92 Zwar etwas antiquiert, aber noch verwendbar ist zur näheren Information die Schrift des FWU ,,Filmgespräche mit Jugendlichen" von *Siegfried Mohrhof*, München 1960.

93 Das in der Bundesrepublik am weitesten verbreitete VCR-Standard-Verfahren eignet sich dazu wegen seiner Anfälligkeit und Schwerfälligkeit nur bedingt. Optimal für solche Zwecke sind Anlagen nach dem 3/4" U-matic Standard (JVC/Bell u. Howell, Hitachi, Sony, usw.) oder dem neuen VHS-Verfahren (JVC/Bell u. Howell, Nordmende, Akai, usw.) Mit einfachen Kameras (schwarzweiß ab 800,–, farbig ab 3000,–) können alle grundlegenden Filmtechniken simuliert werden. Das 3/4" Verfahren läßt auch einen exakten elektronischen Schnitt zu. Die Anlagen gibt es stationär und tragbar.

Zu Adam

1 Eine Kopie dieses Films ist bei den Stadt- und Landesbildstellen erhältlich.

2 Vgl. hierzu: *Friedrich Schiller*, ,,Pitaval – Merkwürdige Rechtsfälle", Kindler TB 56, München, p. 6; *Ernst Bloch*, ,,Philosophische Ansichten des Detektivromans"; Literarische Aufsätze, Suhrkamp, 1965, Bd. 9, p. 247; *Helmut Heißenbüttel*, ,,Spielregeln des Kriminalromans"; Über Literatur, Walter, 1966, p. 100ff.

3 uncertainty, anxiety (about news, events, decisions etc.), Advanced Learner's Dictionary of Current English, OUP, London, 3rd edition 1974. Nicht adäquat übersetzbar; soviel wie: kinomatographische Form von Spannung, Ungewißheit, Verunsicherung.

4 *Alfred Hitchcock*, Préface; Cahiers du Cinéma, Nr. 39, Paris 1954, p. 12.

5 *Francois Truffaut*, ,,Mr. Hitchcock, wie haben Sie das gemacht?", Heyne TB 7004, p. 197.

6 Außer der die Funktion der Erkennungsmelodie erfüllenden Musik verwendet dieser Film Unterhaltungsmusik, die die für Music Hall und das Palladium typische Atmosphäre einfängt; Programm-Musik zur Untermalung der Spannungssteigerung (II,6): Polizeiverfolgung durch das schottische Hochland, Getöse eines Wasserfalls; Varieté-Musik (V,3) im Hintergrund des Geschehens, d. h., auf der Bühne, während der Re-

zipient hinter der Bühne den Tod des Mr. Memory miterlebt; weiterhin einige Takte romantisierender Musik (V,1), die zur Untermalung der inneren Hinwendung Pamelas zu Hannay dient.

[7] Für das angefertigte Sequenzprotokoll und das als Aufgabe zu stellende Protokoll der Finalsequenz gilt dies allerdings nur in beschränktem Maße.

[8] *Raymond Durgnat*, ,,The Strange Case of Alfred Hitchcock", Faber & Faber, London, 1977, p. 125; Übersetzung etwa: Meister des Erzählerischen.

[9] s. o., p. 125f.; Übersetzung etwa: ,Was mir an den ,,39 Stufen" gefiel, waren die unerwarteten Wechsel und Sprünge von einer Situation zu einer anderen mit einer solchen Unmittelbarkeit'.

[10] *Francois Truffaut*, a. a. O., p. 60.

[11] s. o., p. 61; Hier überschätzt Hitchcock die Aussagekraft des Films, eine adäquate Wiedergabe scheint unmöglich und ist nicht nur eine Zeit-Frage.

[12] *Francois Truffaut*, a. a. O., p. 21.

[13] ,comic relief': Übersetzung etwa als: Anwendung von Humor als Spannung lösendes oder steigerndes Element. Weitere Situationen, die die Funktion von ,comic relief' erfüllen können, sind u. a. in II,2 (Zugabteil. Vertreter für Miederwaren führt diese (mit entsprechenden Bemerkungen) seinem Reisebegleiter vor, was unverhohlenes Interesse eines Geistlichen hervorruft); in IV,4 Gasthaus: Die Wirtin mißversteht die Situation der beiden als die eines Liebespaares); (Gasthauszimmer: Hannay erzählt Pamela von seiner angeblich kriminellen Laufbahn). Hierbei ist zu beachten, daß diese Einstellungen auch als zum Genre der Film-Komödie gehörig betrachtet werden können, wobei nicht näher auf die Genre-Problematik eingegangen werden kann (wie sie besonders beim Western manifest wird).

[14] Schallplatte: Bricusse-Ornadel, 'Pickwick', Philips AL 3431; Hier sei auch auf das Musical 'The Good Old Bad Old Days' hingewiesen, in dem ebenfalls die Vorstellung einer idealen Weltordnung Ausdruck findet. Schallplatte: Bricusse & Newlay, EMI/EMA 751.

[15] *Francois Truffaut*, a. a. O., p. 87.

[16] s. o., p. 91.

[17] *Frederico Fellini*, ,,Julia und die Geister", Diogenes, Zürich, 1974.

[18] *Bernd Schroeder*, ,,Sanierungen" (Arbeitstitel), Manuskript WDR, o. J.

[19] *Huillet/Straub*, ,,moses & aron" in ,Filmkritik' 5/6/75.

Literaturverzeichnis (Auswahl)

Die folgende nach Sachgebieten geordnete Liste mit rund hundert Titeln (Monografien, Readers, Lexika, Periodica) stellt keine Übersicht der im Text genannten Schriften dar.

Sie soll einen Überblick geben, welche Literatur zur Einführung in die verschiedenen Bereiche benutzt werden kann.

Es wurden Titel ausgewählt, die folgenden Gesichtspunkten genügen: leichte Erreichbarkeit, Repräsentativität bezüglich des behandelten Gebietes, Aufarbeitung und bibliografische Zusammenstellung jeweils wichtiger Spezialliteratur.

In diesem Zusammenhang hingewiesen sei noch einmal auf die Schriftenreihen zur Arbeit mit Filmen auf der Basis der Arbeitshinweise der Bundesarbeitsgemeinschaft für Medienerziehung.

a) *Reihe Analysematerial* (Langfilmbesprechungen, Kurzfilmbesprechungen, Regisseurbiografien)
b) *Reihe Genres* (Western, Gangsterfilme, utopischer Film, Musik im Film)
c) *Reihe AV Medienpädagogik* (Abteilungen: Theorie, Praxis, Berichte)
d) *Reihe Themen zur Medienerziehung* (Film und die Emanzipation der Frau, Trickfilm, Erziehung im deutschen Spielfilm, usw.)
e) *Reihe zum internationalen Film* (Der polnische Film, Film in Afrika, ungarischer Film, usw.)

Die Bücher kosten 2,– bis 4,– DM und sind direkt zu beziehen bei der Bundesarbeitsgemeinschaft für Medienerziehung, Melatenerstr. 106, 5100 Aachen.

1. Massenkommunikation

Aufermann, Jörg u. a. (Hrsg.): Gesellschaftliche Kommunikation und Information, Frankfurt 1973.

Dröge, Franz u. a., Leistungen der Massenkommunikation, Frankfurt/M. 1973.

Feldmann, Erich: Theorie der Massenmedien, München 1972.

Haseloff, Otto W. (Hrsg.): Kommunikation, Berlin 1969.

Maletzke, Gerhard: Ziele und Wirkungen der Massenkommunikation, Hamburg 1976.

Maser, Siegfried: Grundlagen der allgemeinen Kommunikationstheorien, Stuttgart 1971.

Moles, Abraham A.: Informationstheorie und ästhetische Wahrnehmung, Köln 1971.

Schramm, W. (Hrsg.): Grundfragen der Kommunikationsforschung, München 1973.

Silbermann, Alphons: Massenkommunikation, in: R. König (Hrsg.), Handbuch der empirischen Sozialforschung, Stuttgart 1977.

Silbermann, Alphons und *Krüger, Udo Michael,* Soziologie der Massenkommunikation, Stuttgart 1973.

Straschek, Günter P.: Handbuch wider das Kino, Frankfurt 1975.

2. Filmgeschichte

Courtade, Francis u. a.: Geschichte der Filme im 3. Reich, München 1975.
Durgnat, Raymond: The Strange Case of Alfred Hitchcock, London 1977.
Eisner, Lotte: Dämonische Leinwand, Wiesbaden 1955.
Fellini, Federico, Aufsätze und Notizen, Zürich 1974.
Fraenckel, Heinrich: Unsterblicher Film, München 1956.
Gregor, Ulrich/Patalas, Enno: Geschichte des Films, Gütersloh 1962.
dies.: Geschichte des modernen Films, ebd. 1964.
Kracauer Siegfried: Von Caligari bis Hitler, Hamburg 1958.
Patalas, Enno: Sozialgeschichte des Stars, Hamburg 1963.
Schlemmer, Gottfried: Avantgardistischer Film 1951–1971, München 1973.
Sadoul, Georges: Geschichte der Filmkunst, Wien 1957.
Taylor, John Russell, Hitch, The Life and Work of Alfred Hitchcock, The Authorised Biography, Faber & Faber, London 1978.
Toeplitz, Jerzy: Geschichte des Films, München 1965.
Truffaut, Francois: Mr. Hitchcock, wie haben Sie das gemacht? München 1973.
Zglinicki, Friedrich v.: Der Weg des Films, Berlin 1956.

3. Nachschlagewerke

Bawden, Liz-Anne (ed.): The Oxford Companion to Film, London 1976.
Film, Leipzig (VEB Bibliographisches Institut) 1966).
Filmbibliographisches Jahrbuch, Wiesbaden 1973 ff.
Goldstein, Laurence u. a.: Into Film, New York 1976.
International Encyclopedia of Film, New York 1975.
Kotulla, Theodor (Hrsg.): Der Film, München 1964.
Kurowski, Ulrich: Lexikon Film, München 1972.
ders. (Hrsg.): Lexikon des internationalen Films, München 1975.
Reinert, Charles: Kleines Filmlexikon, Einsiedeln 1946.
rororo Filmlexikon, Reinbek/Hamburg 1978.
Scheugl, Hans u. a.: Eine Subgeschichte des Films, Frankfurt 1974.
Tichy, Wolfram (Hrsg.): Buchners Enzyklopädie des Films, Frankfurt 1977.

4. Filmtheorie

Arnheim, Rudolf: Film als Kunst, Hamburg 1932.
Balazs, Bela: Der Film, Wien 1961.
Bazin, André: Was ist Kino? Köln 1975.
Beilenhoff, Wolfgang (Hrsg.): Poetik des Films, München 1974.
Bitomsky, Hartmut: Die Röte des Rots von Technicolor, Neuwied 1972.
Dadek, Walter: Das Filmmedium, München 1968.
Knilli, Friedrich (Hrsg.): Semiotik des Films, Frankfurt 1971.
Kracauer, Siegfried: Theorie des Films, Frankfurt 1960.
Metz, Christian: Semiologie des Films, München 1972.

Morin, Edgar: Der Mensch und das Kino, Stuttgart 1958.
Indor, Andrew: Film-Theorie, Kommunales Kino, Frankfurt 1977.
Witte, Karsten (Hrsg.): Theorie des Kinos, Frankfurt 1972.

5. Analysemethoden im Bereich Massenkommunikation

Bonsiepe, Guido: Visuell-verbale Rhetorik, in: Ulm 14ff./1965.
Eco, Umberto: Die Gliederung des filmischen Code in: Sprache im technischen Zeitalter 17/1968.
Faulstich, Werner: Einführung in die Filmanalyse, Tübingen 1976.
Knilli, Friedrich, Reiss, E.: Einführung in die Film- und Fernsehanalyse, Steinbach 1971.
Kuchenbuch, Thomas: Filmanalyse, Köln 1978.
Pryluck, Calvin: Strukturanalyse des Films als Symbolsystem, in: Quellentexte zur Unterrichtstechnologie 2, Stuttgart 1976.
Vorkapich, Slavko: Die Bildsprache des Films, in: Film 1/1967.
Zurbuch, Walter: Die Linguistik des Films, in: Sprache im technischen Zeitalter 27/1968.

6. Analysen im Bereich Film

Albrecht, Gerd: Nationalsozialistische Filmpolitik, Stuttgart 1969.
Bredow, Wilfried v. u.a. (Hrsg.): Film und Gesellschaft in Deutschland, Hamburg 1975.
Estermann, Alfred: Die Verfilmung literarischer Werke, Bonn 1965.
Faulstich, Ingeborg u. Werner: Modelle der Filmanalyse, Tübingen 1976.
Höfig, Willi: Der deutsche Heimatfilm 1947–1960, Stuttgart 1973.
Jarvie, J. C.: Film und Gesellschaft, Stuttgart 1974.
Jürgens, Martin u. a.: Ästhetik und Gewalt, Gütersloh 1970.
Kreimeier, Klaus: Kino und Filmindustrie in der BRD, Kronberg 1973.
Kroner, Marion: Film – Spiegel der Gesellschaft? Heidelberg 1973.
Osterland, Martin: Gesellschaftsbilder in Filmen, Stuttgart 1970.
Scheugl, Hans: Sexualität und Neurose im Film, München 1974.
Silbermann, Alphons: Mediensoziologie 1: Film Düsseldorf 1973.

7. Sammlungen von Filmbesprechungen

Bronnen, Barbara u. a.: Die Filmemacher, München 1973.
Filmanalysen, Düsseldorf 1961ff.
50 Classic Motion Pictures, New York 1973.
Grafe, Frieda u. a.: Im Off, München 1974.
Groll, Günther: Magie des Films, München 1953 (2 Bde.)
Hagemann, Walter: Filmstudien, Emsdetten 1952ff.
Hernbus, Joe: Western Lexikon, München 1976.
Jahrbücher der Filmkritik, München 1962ff.
Krusche, Dieter: Reclams Filmführer, Stuttgart 1973.

Menningen, Jürgen: Filmbuch Science Fiction, Köln 1975.
Nau, Peter: Der politische Film, Köln 1979.

8. Medienpädagogik

Borchard, Johannes u.a.: Audiovisuelle Medien in der Schule, Ravensburg 1972.
Enzensberger, Hans M.: Baukasten zu einer Theorie der Medien Frankfurt 1973.
Heinrich, Karl: Filmleben, Filmwirkung, Filmerziehung, Hannover 1960.
Keilhacker, Margarete: Kino und Jugend, 1960.
Kerstins, Ludwig: Medienkunde in der Schule, Bad Heilbronn 1971.
Krauthausen, Werner: Filmanalyse in der Schule, LaBi Info 1972/7.
Lernziele/Medienkunde. in: Zeitnahe Schularbeit 1970/3.
Peters, L. Jan Marie: Grundlagen der Filmerziehung, München 1963.
Schaaf, Michael: Medienpädagogik – Begriffe, Bereiche, Bezüge. Aachen 1977.
Sprache der Massenmedien. in: Publizistik 1962/1.
Stückrath, Fritz: Der Film als Erziehungsmacht, Hamburg 1953.

9. Modelle zur Medienerziehung

Baacke, Dieter (Hrsg.): Mediendidaktische Modelle: Fernsehen, München 1973.
Diel, Alex (Hrsg.): Kritische Medienpraxis, Köln 1974.
Ehmer, Hermann K.: Visuelle Kommunikation, Köln 1974.
Funke, Wolfgang: Thema: Massenmedien, Düsseldorf 1974.
Kerstinus, Ludwig: Unterrichtsthema: Massenkommunikation, Bad Heilbrunn 1976.
Lehmann, Wolfgang: Meinungsfreiheit oder werden wir manipuliert, Stuttgart.
Paech, Joachim (Hrsg.): Film und Fernsehsprache, Frankfurt 1975.
Schwarz, Reent: Didaktik der Massenkommunikation, Stuttgart 1974.
Wember, Bernward: Objektiver Dokumentarfilm? Berlin 1972.

10. Zeitschriften und Periodika

Arbeitshinweise der Bundesarbeitsgemeinschaft Medienerziehung, Aachen
Evangelischer Filmbeobachter, München
Filmkritik, München
Filmfaust, Frankfurt
Filmkorrespondenz, Köln
Film und Fernsehen in Forschung und Lehre, Berlin
Jugend, Film, Fernsehen München
Katholischer Filmdienst, Köln
Medien und Erziehung, Leverkusen
Medium, München